D1320374

La Bibliothèque canadienne-française est une collection dont l'objectif est de rendre disponible des œuvres importantes de la littérature canadienne-française à un coût modique.

Éditions Prise de parole
205-109, rue Elm
Sudbury (Ontario)
Canada P3C 1T4
www.prisedeparole.ca

Nous remercions le gouvernement du Canada, le Conseil des arts du Canada, le Conseil des arts de l'Ontario et la Ville du Grand Sudbury de leur appui financier.

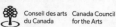

SUDBURY
(POÈMES 1979-1985)

Du même auteur

POÉSIE

Sous un ciel couleur cayenne, Sudbury, Éditions Prise de parole, 2017.

The Art of Disappearing, Victoria, Ekstasis Editions, 2017.

En temps et lieux : Les cahiers complets, Montréal, L'Oie de Cravan, 2017 [2007, 2008 et 2009].

Le quotidien du poète, Sudbury, Éditions Prise de parole, 2016.

Vallée des cicatrices, Montréal, L'Oie de Cravan, 2015.

Rouleaux de printemps, nouvelle édition, Sudbury, Éditions Prise de parole, 2015 [1999].

Sudbury (poèmes 1979-1985), nouvelle édition, coll. « BCF », Sudbury, Éditions Prise de parole, 2013 [1979, 1983 et 1985].

Les abats du jour, Montréal, L'Oie de Cravan, 2013.

Pour de vrai, Montréal, L'Oie de Cravan, 2011.

Un pépin de pomme sur un poêle à bois, Sudbury, Éditions Prise de parole, 2011 [1995].

Poèmes anglais suivi de *Le pays de personne* suivi de *La fissure de la fiction*, nouvelle édition, coll. « BCF », Sudbury, Éditions Prise de parole, 2010 [1988, 1995 et 1997].

En temps et lieux 3, Montréal, L'Oie de Cravan, 2009.

En temps et lieux 2, Montréal, L'Oie de Cravan, 2008.

Décalage, Sudbury, Éditions Prise de parole, 2008.

L'homme invisible / The Invisible Man suivi de *Les cascadeurs de l'amour*, nouvelle édition, coll. « BCF », Sudbury, Éditions Prise de parole, 2008 [1981 et 1987].

En temps et lieux, Montréal, L'Oie de Cravan, 2007.

Leçon de noyade ; *Déchu de rien* ; *Inédits de vidé*, plaquettes, [s.l., s.é.], 2006.

Désâmé, Sudbury, Éditions Prise de parole, 2005.

Grosse guitare rouge, avec René Lussier, Sudbury et Montréal, Éditions Prise de parole et Ambiance Magnétique, 2004, livre CD.

Hennissements, Sudbury, Éditions Prise de parole, 2002.

Bleu comme un feu, Sudbury, Éditions Prise de parole, 2001.

L'effet de la pluie poussée par le vent sur les bâtiments, Montréal, Lanctôt Éditeur, 1999.

L'effet de la pluie poussée par le vent sur les bâtiments, plaquette, Québec, Docteur Sax, 1997.

Amour Ambulance, Trois-Rivières, Écrits des Forges, 1989.

Les conséquences de la vie, Sudbury, Éditions Prise de parole, 1977.

Ici, Québec, Éditions À Mitaine, 1974.

Larmes de rasoir, [s.l., s.é.], 1973.

Cimetière de l'oeil, [s.l., s.é.], 1972.

DOCUMENTS AUDIO

Patrice Desbiens et les Moyens du bord, avec René Lussier, Guillaume Dostaler, Jean Derome et Pierre Tanguay, Montréal, Ambiance Magnétique, 1999, CD.

La cuisine de la poésie présente : Patrice Desbiens, Sudbury, Éditions Prise de parole, 1985, audiocassette.

Patrice Desbiens

Sudbury
(poèmes 1979-1985)

L'espace qui reste
suivi de
Sudbury
Textes 1981-1983
suivi de
Dans l'après-midi cardiaque

Poésie

Bibliothèque canadienne-française
Éditions Prise de parole
Sudbury 2013

Œuvre en page de couverture et conception de la couverture : Olivier Lasser

Tous droits de traduction, de reproduction
et d'adaptation réservés pour tous pays.
Copyright © Ottawa, 2013 [1979, 1983 et 1985]
Imprimé au Canada.

Diffusion au Canada : Dimedia

Catalogage avant publication de Bibliothèque et Archives Canada
Desbiens, Patrice, 1948-
[Poèmes. Extraits] Sudbury : (poèmes 1979-1985) / Patrice Desbiens.
  – 3ᵉ édition.
(Bibliothèque canadienne-française) Sommaire : L'espace qui reste –
Sudbury – Dans l'après-midi cardiaque. Publié en formats imprimé(s) et
électronique(s).
  ISBN 978-2-89423-907-0.– ISBN 978-2-89423-754-0 (pdf).–
  ISBN 978-2-89423-873-8 (epub)
I. Titre. II. Collection : Bibliothèque canadienne-française (Sudbury, Ont.)
  PS8557.E754A6   2013   C841'.54   C2013-905066-3
                                            C2013-905067-1

Réimpression 2019

Préface

En 1997, le récit / story *L'homme invisible / The Invisible Man* a été réédité en format compact. L'ouvrage, jumelé avec cet autre récit qu'est *Les cascadeurs de l'amour*, faisait ainsi voir une facette de l'œuvre de cet auteur majeur de l'Amérique française, Patrice Desbiens. Dans la même foulée, nous présentons ici, sous le titre général *Sudbury* (*poèmes 1979-1985*), trois recueils qui marquent les débuts littéraires du poète originaire de Timmins et les liens qu'il a établis et maintient toujours avec la capitale culturelle du Nouvel-Ontario.

Depuis que la littérature franco-ontarienne a acquis son droit de cité, avec l'inclusion dans des programmes littéraires universitaires, d'abord à l'Université d'Ottawa grâce aux efforts acharnés des René Dionne et Yolande Grisé, la critique s'est attelée à la tâche de commenter et d'expliciter le domaine. Patrice Desbiens est sans conteste, parmi les poètes, celui qui a créé une œuvre nombreuse, touffue, controversée, qui teste les critères généralement acceptés des critiques. Œuvre singulière, en fait, et où on a reconnu dans des images du poète des métaphores des plus pertinentes pour la situation franco-ontarienne.

Si, pour ce franc-tireur de la littérature, la publication de ses textes a commencé à Québec avec *Ici* aux Éditions À mitaine, essentiellement une publication à compte d'auteur, c'est véritablement à Sudbury, aux Éditions Prise de parole, qu'a débuté la carrière de Desbiens. À l'automne 1976, Patrice Desbiens envoie un manuscrit à Prise de parole, qui porte le titre *Les conséquences de la vie*. C'est pour lui une bouteille lancée à la mer. La maison sudburoise le publie au printemps de l'année suivante et fait un lancement au collège Glendon à Toronto, où habite l'auteur. Si le recueil a peu d'échos, cela tient davantage d'une diffusion limitée et d'une médiation pratiquement absente. Les premiers lecteurs de Desbiens en Ontario seront néanmoins des fervents. Au départ, c'est le bouche à oreille qui fera connaître cette nouvelle voix de la poésie franco-ontarienne.

Le deuxième titre que Desbiens publiera à Prise de parole s'intitule *L'espace qui reste*. Écrits essentiellement à Toronto, les poèmes ont pour cadre spatial tantôt le Québec, tantôt la ville reine. Selon l'auteur, c'est ce recueil qui initie sa « période sudburoise » : il sera déjà résident de Sudbury quand sera lancé le livre en 1979. Peut-être serait-il plus juste de parler de « période franco-ontarienne », étant donné les thèmes qui font leur apparition ici et qui deviendront des constantes dans l'œuvre : entre autres, Desbiens se présentera comme « [...] le franco-ontarien / cherchant une sortie / d'urgence dans le / woolworth démoli / de ses rêves ». Cette douloureuse conscience de l'identité ténue deviendra une constante tout au long de l'œuvre. Et un poème sur le suicide d'André Paiement, « janvier c'est le mois le plus dur de l'année », laisse comprendre son appartenance spirituelle au milieu. La présentation physique de la page couverture — on y voit le poète dans une chambre miteuse, cigarette à la main et bouteille sur la table — préfigure le ton désespéré de plusieurs poèmes et pose l'auteur comme un personnage romantique mais aucunement romantisé.

L'absence totale (et voulue, bien sûr) de majuscules dans le recueil, le ton désabusé, les images crues, notamment en ce qui concerne la sexualité (pensons par exemple à «bandé dans la bibliothèque»), vont en dérouter plusieurs. Dans les pages du journal *Le Droit*, le critique Paul Gay montre une désapprobation complète de Desbiens «le surréaliste». Et René Dionne, dans son *Anthologie de la poésie franco-ontarienne*, abordant les deux premiers livres de Desbiens publiés à Prise de parole, dira qu'ils «présentent un monde désanimé, réduit à une mécanique brute, [qui] vaudront à leur auteur d'être reconnu comme un poète original et authentique par la critique québécoise, tandis que des lecteurs de l'Ontario français seront déconcertés, et même offensés, de voir l'existence réduite à la banalité à un moment où la collectivité connaît un regain de vie politique et culturelle». On peut se demander cependant de quels lecteurs il s'agit.

Mis au programme d'un cours de littérature de l'Université Laurentienne, *L'espace qui reste* provoque, certes, mais les qualités du langage incisif et les thèmes qui collent à l'expérience et aux préoccupations des étudiants finissent par créer l'adhésion, sans bornes chez certains, tels Michel Dallaire, aujourd'hui poète et romancier. Un professeur et ami, Cédéric Michaud, enseignant au collège Cambrian de Sudbury, met ce recueil au programme d'un cours. En parlant de l'accueil reçu, il dira plaisamment: «C'est la première fois que les étudiants du collège se font "pogner" à lire dans les corridors»! Évidemment, le recueil avait aussi «pogné» en classe. Le poème préféré du groupe: «bandé dans la bibliothèque», justement.

C'est par ses prestations publiques que le succès de Desbiens va s'étendre et se consacrer. Au festival de Théâtre Action à Toronto, en 1980, au même événement l'année suivante à Ottawa, Desbiens est tantôt mordant, tantôt touchant. Les membres de la jeune communauté artistique de l'Ontario français l'applaudissent bruyamment, médusés par son langage tranchant, pleurent et rient avec lui. C'est un public généreux, on s'en doute, et fin prêt à se laisser déranger, que ce soit au théâtre ou devant un spectacle de poésie.

La période «Sudbury» — les années 1979 à 1988 — sera celle de la création intense, de la publication de cinq livres de poèmes et de prose, ainsi que de la production d'une audiocassette où l'auteur lit ses poèmes et s'accompagne... lui-même, jouant de plusieurs instruments de musique. Cette activité ne l'empêche pas, loin de là, de faire partie de la communauté, de se lier d'amitié avec les Jean Marc Dalpé, Brigitte Haentjens et toute l'équipe du Théâtre du Nouvel-Ontario, avec les gens de Prise de parole, avec des membres de la communauté artistique anglophone aussi. C'est l'époque des lectures, lors de soupers entre amis, des nouveaux poèmes des uns et des autres, des échanges de livres découverts au hasard, des conversations à n'en plus finir, bref de l'enracinement, de «la famille».

C'est ici, par exemple, que Patrice, Jean Marc Dalpé et moi faisons la lecture de plusieurs recueils du poète anglo-ontarien David McFadden, qui s'adonne au long poème narratif. Certes, Desbiens a déjà signé le récit *L'homme invisible/The Invisible Man*, tout comme il créera le récit *Les cascadeurs de l'amour* pendant son séjour sudburois : on peut croire néanmoins à l'importance de telles lectures pour l'écriture à venir. Je pense au rêve qu'est *Un pépin de pomme sur un poêle à bois* et au cauchemar de *La fissure de la fiction*. Cet élément narratif a toujours été présent chez Desbiens : même les premiers courts poèmes « racontent », offrent des vignettes croquées sur le vif. On peut se demander où se trouve la ligne de démarcation entre poésie et prose et « textes », comme l'a fait la critique Elisabeth Lasserre dans une étude récente. La preuve la plus déterminante de la qualité narrative de la poésie de Desbiens est sans doute la création, par le Théâtre du Nouvel-Ontario en janvier 2000, d'un spectacle théâtral reprenant l'intégrale — chaque mot, et rien d'autre — des deux recueils susmentionnés. Si *La fissure* est essentiellement un récit, selon la terminologie généralement admise, *Un pépin* est assurément un long poème. Le comédien Alain Doom, dans une mise en scène du directeur artistique André Perrier, livrait avec brio ces deux temps, ces deux tons d'une soirée théâtrale, faisant la preuve de manière éclatante que la poésie, du moins celle de Desbiens, peut « passer la rampe », qu'elle est essentiellement orale, musicale ainsi que profondément humaine.

Peu importe le genre qu'on colle aux textes qu'il écrit, Desbiens est poète. Il en vit. De cela et de pas grand-chose d'autre. C'est ce qu'il mange en hiver, à moins de souper chez un ami, une blonde. On peut le voir souvent, l'après-midi, à « son bureau », une table au Vesta Pasta Caffé avec vue sur les rues Elm et Elgin. Vue sur la vie de Sudbury. C'est là qu'il écrira plusieurs poèmes et une bonne partie des *Cascadeurs de l'amour*. Souvent, le soir, au Whistle Stop, « Sudbury's Home of the Blues », au bord des rails de la rue Elm, où il écoute les groupes, ou joue de la batterie ou des percussions. Où il fait la plonge aussi parfois. Ou chez lui, dans son appartement plus que modeste mais plus que propre. C'est ici, dans son intimité, qu'il livre aux amis son amour de la poésie, ses connaissances encyclopédiques de la musique, allant du jazz au punk. C'est ici qu'il passera une soirée avec l'auteur de ces lignes à pleurer la mort du jazzman Jaco Pastorius en passant tous ses disques en ordre chronologique, en expliquant sa virtuosité, son originalité, ses difficultés personnelles. À pleurer abondamment.

Plusieurs auraient perçu Desbiens comme un cynique mais en réalité il s'adonne à la défense sarcastique des petits... y inclus de lui-même. L'écriture de la décennie sudburoise fera découvrir de plus en plus le poète du désir, pas toujours comblé, le poète de l'amour, souvent malheureux. C'est aussi le moment où Desbiens commence à dédier des poèmes à ses amis, à nommer d'autres poètes et artistes dans ses textes. Et toujours dans un langage tout à lui. Si, traditionnellement, la poésie se compose de pensées et sentiments élevés dans un langage élevé, chez lui elle est au départ le langage de tout le monde, un langage réduit, minimaliste, qui véhicule des pensées et sentiments « pas toujours catholiques », pour ainsi dire. Le critique François Paré, dans son éclairant essai *Les littératures de l'exiguïté*, affirme haut et fort que l'œuvre de Desbiens, « malgré son terrible désespoir, a été ma première source de questionnement. À partir d'elle, je ne pouvais plus voir la littérature, dans ses miroitements hégémoniques, comme je l'avais toujours vue : solide, belle et consolante à l'extrême. Tout avait changé. »

« Tout a commencé ici », dira plus tard Patrice Desbiens de la ville de Sudbury où sa carrière littéraire a véritablement pris son envol. Non pas que cela ait été facile.

Au contraire. Des difficultés de tous ordres : financières, sentimentales, celles aussi d'écrivain francophone («mes deux cerveaux en chicane», à cause de la présence continue et brouillante de l'anglais), sont une constante, tant dans sa vie que dans son écriture : «Sudbury. La ville où je me suis trouvé. Sudbury. La ville où je me suis perdu. L'ennui. L'ennui. L'ennui. La nuit. La nuit noire comme un téléphone qui ne sonne pas. Je bois jusqu'à la faim.»

Desbiens mettra décidément Sudbury sur la carte littéraire du pays, il la «littérarise», mais elle demeure terriblement vraie, souvent cruelle, parfois sordide, le lieu des sans-abri de l'amour, des paumés, de Bill le bouncer, de la faune des bars. L'écriture est à l'avenant, très près de la vie, de sa vie, et que plusieurs comprennent comme une espèce de journal de bord, d'autobiographie brute. C'est se méprendre sur le pouvoir transformant de l'écriture elle-même. Dans ses textes, le «je» de Patrice Desbiens est un personnage. Vrai parce que fictif, le parfait anti-héros, non pas *Batman* mais bien *Patman* comme le dénommait dans les pages de la revue *Liaison* son ami le romancier Louis Hamelin.

Il ne lui faudra pas moins quitter un jour cette ville où pour lui «tout a commencé». Les recueils *L'espace qui reste*, *Sudbury* et *Dans l'après-midi cardiaque* représentent un pan important de la création poétique de Desbiens sur une décennie. Découvrez ou redécouvrez un grand poète à travers le prisme de ces textes empreints de la bière et de la sueur d'une ville minière du Nord. Une vraie, plus vraie encore ici, en poésie souvent terriblement prosaïque. Et de la grande poésie pour autant. Bonne lecture.

ROBERT DICKSON
SUDBURY, AOÛT 2000

L'espace qui reste

1979

16 cennes à la
banque.

j'ai un drôle de
goût dans la
bouche.

quelque chose
de louche
ici.

edith piaf
morte dans la
chambre de bain.
l'humidité du
miroir.

j'ai envie d'une
bière
une bière a envie
de moi quelque part
dans un hôtel
cheap à
timmins.

je rencontre un indien
ivre mort.
il m'offre une bière
sachant que je
n'ai que
16 cennes
à la banque.

on prend un coup
ensemble
sous la lune
brune de
timmins.

quelque chose bouge
dans ma bouche
c'est le cancer
de la parole.
de la poésie.

l'indien commande
d'autres bières
et je me rappelle
de tout
comme si c'était
hier.

auprès de ma blonde,
ma blonde est folle,
je suis fou,
on s'entend bien.

de temps en temps
nos langues se nouent
l'une autour de l'autre,
comme deux iguanes qui
se battent pour la même
roche
comme deux alligators qui
se battent pour la même
viande
le même morceau de viande
le même petit morceau
d'amour que toul'monde
    que la population

entière
de la terre
tourne et retourne dans sa
bouche depuis des siècles et
des siècles.
le morceau d'amour est
pas mal ratatiné,
on le voit presque plus,
mais on se sert au maximum
de ce qui reste,
on se le passe comme un onguent,
on se le passe sur les lèvres
et sur le trou d'cul,

on se le passe partout
et on ricane comme deux
enfants coupables dans
la nuit qui pleure à la
fenêtre.

auprès de ma blonde,
les larmes dorment au pied
du lit comme des chats,
et on valse,
joue contre joue,
beigne contre beigne,
pays contre pays,
on se baigne
on se saigne,
et l'amour est comme ça,
kétaine et terriblement
cassant.

auprès de ma blonde
ma blonde est folle et
moi aussi mais
j'aime mieux remplir
ma blonde que remplir
une formule du
conseil des arts.

NUIT NYLON OPAQUE

(polyester / coton)

cauchemar de la chair
stalactites et stalagmites
dégouttent dans le cerveau
humide
le trou s'ouvre et se ferme
le mur est zébré de veines
variqueuses transparentes
dans lesquelles on voit circuler
un bouilli vert-gris
consistant d'os broyés
d'argent et d'amour

machine à coke
grosse comme un gratte-ciel
toppes de cigarettes gros
comme des pétroliers
coincés sur les coins de rue

le petit chien rca victor habillé
d'un gilet de laine rouge
pisse sur les dinosaures
morts

le jour dort à l'intérieur
des arbres
au-dessus des blocs-appartements
une escadrille de
pizzas rouges traverse le
    ciel
poursuivant son vol régulier
est-ouest

les larmes qu'on a pleurées
reviennent frapper à la
porte
le temps s'accumule dans
les coins comme de la
poussière
les figurants errent dans
la nuit et se cherchent un
rôle

«tout ce que vous désirez nous
l'avons» disent les cartons
d'allumettes
sœur surprise court les
enfants avec son bouquet
de swastikas
quelqu'un s'est servi une
pointe de pâté maison
nous sommes les enfants
du néon
nous sommes les enfants
du néant
entre deux chansons le
silence tousse
la nuit ne répond à
aucune question

pauline sad eyed lady of
the lowlands
une grue plantée entre les
deux seins

est exposée dans les
vitrines chez kresges
dans ses dents une rose
rouillée
les miroirs ne reconnaissent
personne
les miroirs à deux faces
le sang brûle dans les
cendriers
futur anémique gauche
droite gauche droite gauche
droite
nuit nylon opaque où
tout n'en finit plus de
commencer

«le rêve de la plupart des
francophones de la péninsule
du niagara est de s'en aller
vivre au québec...» dit michel
dans le blue cellar room.
la place est pleine et juste
derrière nous un hongrois
se voit refuser une autre
bière.
des révolutions sont avortées
dans son verre vide.
michel ne peut pas me parler
sans jeter l'œil sur chaque
femme qui passe.
j'ai la grippe et tout ce à quoi
je peux penser c'est
«aurais-tu trente piastres
pour que je retourne
au québec?»
mais je ne dis rien.
mon ennui se mélange
à la mucosité du moment
et j'étouffe sur mes mots.

LE TEMPS DES FÊTES

l'air est épais ici.
j'écris des poèmes.
je bois de la bière.
je séduis des cendriers.

pas loin d'où je suis assis
deux hongrois saouls
regardent lassie à la télévision
couleur.

dansant de côté
comme un crabe
dans ma tête
j'essaie d'éviter la morsure
brûlante du menu.
cette place résonne dans mes
yeux comme
un salon durant le temps
des fêtes.

non merci.
je mangerai plus tard.

quand

c'est froid c'est
pas bon

quelque part le long de ces pages
j'ai perdu le contrôle du
poème.
je le serre je le cache
dans mes poches avant
de faire mal à quelqu'un.

c'était 1974 au mois de no-
vembre et c'était 1,68 $ pour un
cheeseburger et deux cafés.
tout se passa très vite.
le monsieur en face de moi
achevait de bouffer, s'essuyant
la bouche avec une napkin
déjà extraordinairement ruisse-
lante. dans son assiette boucanait
encore une carcasse de B-747. quelques survivants pataugeaient encore
fébrilement dans la sauce brune.
tout se passa très.
mon nez était perforé de petits
odorats oblats.
tout se passa très près d'ici.
la caissière était nue. complètement nue. elle portait seulement
des lunettes brisées, attachées à ses
mamelons narines par des chaînes
dorées.
et la caissière ressemblait à
toutes les femmes que j'avais
aimées.
tout se passa très vite et si près
d'ici.
je sortis d'une rapidité lancinante, la porte claquant derrière
moi comme un coup de poing dans
un western américain.
dehors, c'était 1975 en plein
été et tout fondait.
c'était encore 1,68 $ pour un
cheeseburger et deux cafés.

MAURICE

«maurice est en tôle...»

«ah je vais lui envoyer une
belle lettre», dit
la femme aux belles lettres
en feu.

«c'est barré man», dit
claude ranger.
et toronto me revient comme
un souvenir sans lacets.

raynald dit:
«à boston, on t'enlève ta voiture,
pas ta vie, quand tu
n'as pas payé tes dettes...»

oui
maurice est en prison ici
sous le ciel o'keefe de québec,
son saxophone dort sur les
fauteuils poussiéreux du
poste de police.
c'est dimanche soir le 21 mars
1976
premier jour de printemps et
dehors les bornes-fontaines
ont la morve au nez.

plusieurs situations différentes
se présentent comme
du monde qui se donne la
main à un party
où il n'y a pas d'invités.
un cri traverse la nuit
comme un coup de téléphone.

au bar élite
les musiciens laissent leurs
mains sur les tables.
maurice saute du canot et
disparaît dans l'eau du lac.
le vent est gris et graisse
les coins de rue.
et le guitariste
dit à raynald :
« …moving forward, a forward
motion, but rocking at the
same time… »
la veillée est finie,
les chaises dorment déjà,
on s'en va,
laissant les musiciens seuls
et
saignants de saluts inutiles.

L'INDIENNE

on était assis
à table d'un café-terrasse
buvant une bière tranquille.
le soleil dormait déjà sur
l'horizon dentelé.

l'indienne s'est mise à crier
l'indienne renversa sa bière
sa chaise sa sacoche et
éventuellement
elle-même.

le propriétaire ne savait pas
s'il devait appeler la police
ou une ambulance.
les clients ne savaient pas
s'ils devaient s'en aller
ou rester.
ils ont commandé une autre bière
en attendant de se décider.

comme seule identification
elle avait un sapin
jauni et recroquevillé
dans son portefeuille.

apparemment
le ciel lui était tombé
sur la tête.
il y en avait même
quelques fragments
dans nos bières.

LES JOURS PASSENT
COMME DES CIGARETTES DANS UN CENDRIER

il me reste
quatre cigarettes
et
tout est fermé

le goût amical
le goût
animal
de la boisson
sur mes lèvres

le symbolisme
est
impotent

je ne peux que
théoriser
je ne peux que
terroriser
le souffle de l'éternité
me brûle les tempes
brûle
les temples
les plus
hermétiques
il me reste
une cigarette
et tout
est fermé

j'en ai déjà
trop dit

ATTENTAT

les hommes attendent
des femmes
les femmes attendent
des enfants
les enfants attendent.

attendez wait
attendez wait
attendez wait.

les enfants attendent
au coin de la rue.

nature morte dans
les fenêtres du musée.

bandé dans la bibliothèque.
c'est le printemps.

la neige fond
découvrant les crottes
de l'automne passé.

bandé dans la bibliothèque
dans la bibliothécaire
de mes rêves.

dans les toilettes
le petit robert
se secoue la graine et
se sourit dans le miroir.

DES BELLES COUVERTURES

dans ma chambre
je cherche mes jambes

des poulies accrochées au
plafond sont
le pourquoi de mon mouvement
je suis pris
je suis une machine qui
parle

je regarde le mur
comme les poissons morts
sur la plage en floride
regardent les holiday inn

mon ange gardien est ivre mort
les ailes écrasées
il a passé la nuit
sous le lit

je pense à toutes sortes
d'affaires
je pense à hier
je pense à demain
mais

je pense surtout à l'amour
qui brûle à l'hôpital
sous de belles couvertures
de tôle neuves

ce matin
je suis particulièrement
une machine qui pleure

LE MÉCANISME DE LA PANIQUE

on s'attend
on s'atteint
sous le satin
souillé et
froissé du
ciel

tout autour de nous
des édifices s'écroulent
des balcons tombent
comme des bombes
des camions et des autobus
s'enfoncent dans l'asphalte
bouillonnant comme des
dinosaures sans scrupules

les oiseaux
chantent
les cloches
sonnent

le mécanisme de la panique
est bien huilé

étrange
mélange
d'anges

ombres et statues de sel
sur la plage

satan
s'attend
les cheveux
dans le vent

LES CANCERS

dans la
commission des liqueurs
un homme raconte
ses cancers aux
caissiers.

«j'ai vu beaucoup
de mes amis
mourir...»
il dit.

et les hommes derrière
le comptoir
se tassent, regardent ailleurs,
comme s'ils allaient
subitement
devenir un
de ses amis.

UN HOMME TUE UN OISEAU

dans l'après-midi du
premier beau dimanche
ensoleillé
un homme tue un
oiseau

ma journée est ruinée

le vert des arbres
me brûle les yeux

le clic-clac des sabots de
secrétaires
me fait peur

mes amis
mes ennemis et
ma blonde
me font peur

l'anesthésie de la vie
me fait peur

l'heure
me fait peur

les falaises de beurre
me font peur

la journée m'est arrachée
comme un enfant
à sa mère

PARADE BARBELÉE

comme un vieux film sur
la deuxième guerre mondiale
les morts passent devant moi
dans une parade barbelée
s'acheminant vers le cimetière
dans le parking souterrain

je demande à l'un d'eux
où il va comme ça et
qu'est-ce qui se passe mais
il ne répond pas
il s'arrache un bras et
me bat avec

suffisamment convaincu
je me sauve chez moi
où je barre la porte et ferme
les stores comme des
paupières

blancheneige se réveille soudainement,
le matin à ses pieds.
sous les plis liquides de sa
robe on voit battre son corps.

elle se lève
prend un peu de lumière
du bout de ses doigts
et s'en applique doucement
sur les yeux et sur les
joues.

sa commode à sept tiroirs.
dans chaque tiroir il y a
une main.

en allant vers la cuisine
blancheneige s'arrête devant
un des multiples miroirs
pour un moment de
réflexion... mais
pas plus...

UN RÊVE C'EST UN RÊVE

un rêve
c'est un rêve
un blues qui part du
fœtus et roule
jusqu'au bord de la mort

un rêve c'est
un rêve qui
me tient réveillé

l'agent double du miroir
et son illusion kodachrômée
m'enlève dans sa voiture
de chair et
collision après accident
nous traversons des vies et
des morts comme
des ponts à suspension caillés.

accident par-dessus accident
c'est filmé au ralenti
on voit tout:
des morceaux de char
des morceaux de moi
des morceaux de toi
répandus à travers
l'espace carcasse.

le vide
je me vide dans le vide et
le vide me caresse les cuisses
c'est un amant qui veut
désespérément me savoir —
le vide autour de moi —
nuit blanche
page blanche.

mâyâ me pogne le cul sur
le divan de l'éternité,
sur la table une bouteille
vide et
le vide vautour perché sur
les candélabres du temps
et

les fenêtres cernées de
silence poussière.

C'EST UN BEAU SOIR NOIR

c'est un beau soir noir
de lune de fiel
et une femme se promène
dans l'étau des rues
elle cherche un amant
de dix dollars ou plus

ses yeux sont rouges
ses cheveux sont pleins
de pigeons morts
et elle se promène
elle se promène
cherchant un fusil
pour se réchauffer
ses yeux sont rouges
comme des feux de signalisation
dans la nuit

finalement
elle en trouve un
c'est facile
les fusils traînent partout
elle lui dit son prix
et il accepte
avec plaisir

elle reste là
étendue sur le trottoir
le sang coule bleu
le long de ses jambes
elle prend le dix dollars
le met dans sa bouche
et mâche tranquillement

aussitôt il la déshabille
là sur le trottoir
sous la nuit
et la fourre dix fois
avec plaisir
avec ambition et non
sans amour
il
remonte ses culottes
se torche
lui donne dix dollars
et s'en va
content.

L'OMBRE D'UNE MOUCHE

mois d'octobre froid et
fou.
miles davis patine sur le
plastique du disque.
l'ombre d'une mouche glisse
sur la table.
de temps en temps
je regarde dans un miroir
pour voir si
je suis encore là et
je continue.

LA CHÉRIE CANADIENNE

je suis la chérie
canadienne.
je suis le franco-ontarien
dans le woolworth
abandonné de ses rêves.

la neige brûle
dans la fenêtre.
ma sœur a honte de
parler français.
son caniche est épileptique.
elle fait jouer sa collection
complète de
hank williams, prend
une poignée de valium et
se couche.
mon frère est épileptique.
il boit comme un trou.
il joue de la guitare et de
l'harmonica avec ses amis
dans la maison de ma
mère.
il tombe sans connaissance
en se rasant.
ma mère pleure.
j'ai peur.
la télévision rit
quelque part
au fond de la maison.
mon père est mort d'une
crise cardiaque
dans une chambre d'hôtel à
north bay.

quelqu'un vole sa valise
avant qu'on arrive.
des souvenirs de timmins
ontario adhèrent à mon
corps comme du
frimas.
des matantes et des mononcles
me tournent dans la tête
comme une veillée de
noël.
je vis à toronto ontario.
j'ai un larousse de poche
avec 32 000 mots.
je trébuche sur ma langue.
ma langue se détache de
ma bouche.
elle se tortille, elle frémit
comme un chien mourant
sur la rue yonge.
vive le québec libre.

vive le québec libre.
je suis la chérie
canadienne.
je suis le franco-ontarien
cherchant une sortie
d'urgence dans le
woolworth démoli
de ses rêves.

toronto – 1978

dans le restaurant
un homme rit comme le
cochon qu'on saigne.
(à l'église il y avait des sœurs
qui priaient les mains
pharmaceutiquement jointes.
elles regardaient le paradis
dessiné au plafond de l'église.
le prêtre sortit avec la tête
d'un enfant sous le bras et
alla la poser sur l'autel
transparent.
le bedeau aux yeux croches se
masturbait avec sa main
droite, tandis qu'avec sa main
gauche il restait accroché à
la lampe du sanctuaire, se
balançant et arrosant la
congrégation de son sperme jaune citron.)
de loin on entend le cri d'un
goéland qui s'écrase contre
un brouillard d'acier.
les nuages cachent des cigales
bombardières.
les rois et les reines ont
couché dans la chaleur de
leur marde.
ce matin le soleil est étrange.
ce matin le soleil s'est levé
dans un fracas horrible de
vaisselle brisée et nous
sommes encore dans le même restaurant

et nous écoutons avec un sourire
triste l'homme qui lit à
haute voix, debout sur une
table, sa notice d'exécution
dans les restaurants et les
églises du monde :
ce matin...

DEUX POÈMES SUR LA TÉLÉVISION
(À CÔTÉ DU CENDRIER)

1.
la télévision est blanche
et
confortable sur sa
table comme
bouddha sur
ses fesses.

2.
dans le restaurant grec
la télévision est brisée.
à radio-canada
les employés jouent aux échecs
tandis que the sound of music
passe sur tous les moniteurs
en même temps.

le poète en train de lire
est un vieux communiste
en béquilles avec un smile
assurance-vie.
des poèmes imprimés sur
sa cravate flasque.
«c'est à cause d'un accident
de voiture que j'ai commencé
à écrire», il déclare.

dans les toilettes
le poète à suivre vomit
sang argenterie et guitares
électriques,
il est étendu sur le
plancher vert malade.
les miroirs sont injectés
d'un étrange liquide bruyant.
une fumée noire s'échappe
de la douloureuse blancheur
des urinoirs.
les derniers mots du poète
sont: «hé jim... le prix de
la vie augmente proportionnellement au...
goût de la vie...»
la foule applaudit comme
une allumette qui s'allume
et les instruments de musique
fondent dans les vitrines.
les voix grichent comme
des vieux 78 tours dans
leurs boîtes pâteuses.

oui
nous récitons nos poèmes
dans cette belle salle au
tapis de turquie tandis
que sous le tapis
des ruisseaux croustillent
comme des sacs de chips
dans une brasserie,
tandis que le vent de la vie
dort sur les marches du
métro.

au moins ne pas réciter
sa poésie sur le ton monotone
du chapelet en famille.
au moins ça.

la poésie doit être vaste
comme un veston de
robineux.

au moins ça.

GAZELLE ÉLECTRIQUE

gazelle électrique
qui dort
près de moi

j'entends le ronron
de ses atomes
de ses galaxies

voyages interplanétaires
à travers
l'espace troublé
de son corps.

qui est-elle?
que veut-elle?

astre

désastre

TORONTO À TABLE

un secret entre le café et
ma cigarette
entre le matin et le plastique
de cette chaise
entre mon cœur et
mon cul

PARALLÉLOGRAMME

je prends l'enfant pour un
sac de papier brun.
dans l'enfant il y a
un singe.
dans le singe il y a
la jungle.
dans la jungle dort
ma blonde.
dans le ventre de ma blonde
il y a
un sac de papier brun.

dans la rue
un char danse,
chantant : « if this is love,
you gotta give me more,
    give me more... »

je prends l'enfant dans mes
bras.
mes bras sont les branches
d'un arbre.
mes branches sont le commencement
de l'arbre.
je respire et l'arbre vacille
doucement
de gauche à droite
dans mon corps.
l'enfant sourit et cherche sa
voix dans mes yeux.

dans la rue
un char fait japper ses
pneus.
le chien du voisin ronronne
comme un diesel.

LA VIE DE POÈTE, C'EST

la vie de poète
c'est dangereux.

je bois beaucoup
je bois trop
je bois pas assez.

à tout instant
il faut que je sorte
pour aller me chercher
une autre bouteille.
en traversant la rue
je pourrais me faire écraser
par un tramway
par un char
par un camion de laura secord.

je marche sur l'asphalte
comme le christ sur l'eau.
de toute facon, le christ
est un fifi qui me fait
des belles façons de
l'autre bord de la rue.
« viens chez nous, je vais
te montrer mes miracles »,
il dit.

je continue mon chemin,
le trottoir disparaissant à mesure
derrière moi.
les toppes de cigarettes
dans mes caleçons saignent
et me font
mal.

je marche comme un cendrier
trop plein.
des guerres mondiales me
calcinent l'estomac.

je m'arrive à la
commission des liqueurs et
le gars à la caisse c'est
mon frère ronald qui est
mort il y a quelque temps
d'alcoolisme aigu.
ça me fait peur et
j'achète deux bouteilles
au lieu d'une.
je me sauve avec les deux
bouteilles.
je m'envoie dans le décor
comme un accident.
j'arrive enfin

chez nous
chez moi
chez eux
les deux œufs dans
le même trou.
les deux yeux dans
la même assiette.
l'assiette est brisée.

je débouche une des deux
bouteilles.
je bois jusqu'à la
première ligne
de ce poème.

c'est vendredi soir sur
queen street est et
des jeunes rentrent et sortent
des restaurants.
coke.
gomme.
jeunes fauves aux jeans
serrés.
les rolling stones en spectacle
dans leurs yeux.
dylan à la radio.
des matous dans leurs
minounes rouillées.
fritz le chat venu des
banlieues dans la voiture
à papa.
des annonces pour les
forces armées canadiennes
à la radio.
c'est toronto
dans le vendredi soir
de mes os.
mes os rock and roll
au bout de leurs chaînes.
dehors la ville roule
sur elle-même comme
un ballon
avec des visages des étoiles,
mes mots collés sur
cette sphère que
les jeunes traversent
comme une rue.

LA FOI DE VIVRE

l'italien dans son taxi
qui me dit
abitibi
montréal
ma femme
les camions et
j'ai des pierres sur le foie

des pierres sur la foi
il était une fois
la foi de vivre
se mettre ou
s'omettre
voilà la question
merci shakespeare
merci montréal
et

merci à l'italien
dans son taxi
qui me raconte
sa vie
au rythme du
compteur

chez pollack
les mannequins sont plus
vrais que moi

chez pollack
je chie dans mes claques
j'ai le trac
chez pollack
cette année
fanée

les vendeuses sentent le brûlé
et essaient de me vendre
les enfants que je n'ai pas
encore eus
les vendeuses qui sourient
comme un trou dans le mur
les vendeuses qui font sonner
la guerre drelin drelin dans
leurs caisses

chez pollack
je chie dans mes traques
je gruge mes claques

je vois les grosses poches
avec leurs gueules de sacoche —
leurs anges gardiens qui ont
des ailes de cadillac —
leurs portefeuilles qui ne
portent vraiment pas de feuilles —
leur amour qui couche
tout habillé —
leurs larmes de rasoir —

chez pollack
cette année
je suis tanné
je suis fatigué
des avions me tombent sur
la tête
j'ai le drapeau plein de tempêtes
et
la machine à coke
m'a mordu les doigts —
chez pollack ou
chez paquet ou
chez steinberg ou
même
chez nous
je n'aime pas la manière
que la télévision nous regarde

chez pollack ou
chez paquet ou
chez steinberg ou
chez woolco ou
chez woolworth ou
eaton ou simpson
cette année ou
n'importe quelle année
un centre d'achats
c'est pas une place pour
laisser mourir un homme.

dans un club il est
trop tard.
je suis à l'eau. j'ai le
foie au garage.
«maudite boisson», disent les
dames de sainte-anne.
j'écoute la musique,
j'espère qu'elle m'écoute.
soudainement
deux grosses dames de sainte-anne
vêtues de jean jackets
commencent à cogner sur
un gars assis à une table
avec sa blonde.
les chaises bondissent comme
des chèvres apeurées.
la soirée est maintenant à
l'eau.
les musiciens arrêtent de jouer
pour laisser passer la parenthèse
de ce tumulte.
le guitariste s'accorde en
attendant. en attendant la
nuit se désaccorde.
tout se passe très vite, ça
fait partie du spectacle,

c'est une partition qu'on
avait jusqu'ici oubliée et
qui s'affirme à coups de
poing dans face des
choses.
la police arrive juste à temps
pour poser des questions et
prendre un otage ou deux en
récompense.

LA MACHINE À COKE

l'édifice est tout blanc
avec toutes les nuits de la ville
collées à ses fenêtres

le temps est venu

la machine à coke se débranche
et avance silencieusement sur le
tapis épais

le concierge a juste le temps
d'étouffer un cri tandis que
la machine le dévore

la machine à coke vit comme un homme
elle respire et s'épanouit
elle tousse doucement et
parle même de révolution
en s'approchant de la porte
et du gardien qui dort

avoir envie de varger
dans ce verger de chair,
avoir envie de cogner,
d'arracher les têtes
dans ce métro trop plein,
soixante cennes pour
voyager comme des vaches
qui s'en vont direction
boucherie.
s'en aller à la maison,
devant la télévision, dans le
fauteuil qui nous attend les bras
ouverts.
se jeter dans un coin
en rentrant, comme
les vieux manteaux mythologiques
que nous sommes.
gomme balloune.
les russes lancent leurs
cannettes de coke
dans le foyer.

l'autre soir
dans ma chambre
j'ai eu un soudain besoin
d'air ; la fenêtre
ne voulait pas ouvrir.
j'ai passé mon poing à
travers.
comme un voleur.
voleur d'oxygène.
le feu a besoin d'oxygène
pour survivre.

mes flammes, mouillées de
sueur, me collaient au
front.

urgence vengeance.
danse.

et dans ce métro,
ce serpent à sonnettes qui a
trop mangé,
je suis seul parmi la
solitude,
je marche sur les yeux
croustillants de la peur,
j'ai envie de varger à coups
de verge dans le tas,
ce tas uniforme brun et
gluant,
j'ai envie d'être en chaleur
comme salvador dali,
comme un clocher d'église,
comme l'ombre d'un clocher
d'église sur un gazon à
fermeture éclair.

et c'est ainsi
dans le métro et partout.
je sais que ce train s'en
va vers le sud
vers le lac, vers la flaque

d'eau où sont noyés laurel
et hardy.
et je ne peux m'empêcher
de sourire et de bander,
sachant que nous allons
tous mourir de rire ou pire
avec le sexe qui nous
brille entre les deux jambes
comme une décoration dans
un arbre de noël.

le gars dans le magasin de jeans
réussit enfin à attraper
la fille dans les jeans

il part avec
sur son épaule
comme un manteau

ce soir il la portera
à une soirée

dans une semaine
elle va swinguer
dans le garde-robe
avec les autres

la journée
est un fourneau graisseux
et nous sommes dans le
fourneau, nous sommes
des cuisses de poulet dans
une sauce hermétique et
la cuisinière nous a
complètement oubliées,
elle est dans le salon
devant la télévision,
elle est hypnotisée par un
opéra savon,
des cœurs en feu,
des larmes en jeans,
et cetera, et cetera,
tandis que
la vraie tragédie
le vrai drame se passe
dans sa propre cuisine sale.

les oiseaux vont venir
faire leurs nids dans
mes yeux.
je ne serai qu'un
monument croûté de
crottes de pigeon dans
les parcs acharnés
de la ville.
une statue sans ombrage.
je porte mon crayon
entre mes deux jambes :
une statue grecque :
mon sexe tombe comme
une feuille d'automne
dans le musée.
les femmes échappent leurs
lèvres.
les hommes échappent leurs
clés de voiture et je
suis pris au dépourvu.

j'aime mieux continuer
d'écrire, sauvage,
sécure et soyeux dans
le lit chaud de mes mots.

en cas d'urgence
mon numéro de téléphone est
inscrit sur ma
langue.

IL FAIT TRÈS BEAU

il fait très beau
et les femmes promènent
leur chien au soleil

les oiseaux chantent
les cloches sonnent

on s'amuse on rit
dans les corridors

un balcon se détache
du bloc-appartement
de l'autre bord de la rue
et s'écrase sur le gazon
comme un désastre aérien

est-ce que ceci pourrait être
l'avant-garde de
quelque chose d'essentiel?

JANVIER C'EST LE MOIS
LE PLUS DUR DE L'ANNÉE

on a le choix :
mourir de cancer
ou
mourir de peur.
devenir fou
ou
devenir mou.

l'apostrophe sanglante
d'un homme qui
se pend.
son corps bat
dans le vent.

une mouche qui se jette
dans un verre de vin
blanc parce
qu'elle n'en peut plus
de le sentir sans
jamais le voir, sans
jamais le boire.

avoir le goût
de tout.
avoir le tout
sans le goût.
c'est toujours trop.
ce n'est jamais assez.

la folie et la mort
nous guettent.
il n'y a rien de romantique
dans un homme qui se pend
quand son corps bat dans le vent
comme un drapeau sans pays.

DÉJEUNER, AVEC ARTAUD ET MA MÈRE

chez eaton's,
dans cafétéria.
les ustensiles me tiennent
prisonnier de leurs
reflets.
je vis dans une cuillère,
au fond d'une vieille tasse
de café.

à une table
antonin artaud pleure
en lisant un livre
de cul.
un livre (1 lb) de cul
sur chaque table.

les waitresses sont toutes âgées.
cinquante ans et plus.
elles ont toutes l'air de ma mère
ma mère est dans cuisine. elle
me prépare du gruau et
des toasts pour
déjeuner. ses yeux sont des
paparmannes multicolores dans
une petite assiette de plastique
près de la caisse.

antonin artaud
finit de lécher son journal
et passe à la caisse.
il prend une des
paparmannes.
il me fait un clin d'œil
en sortant.

JOURNÉE AMBULANCE

la journée est jeune et
déjà je suis
saoul.
je suis saoul saoul
sous le balcon collant
du soleil.
la journée est pleine de
journées.
la journée est pleine de
marde.
je suis plein de marde.
un mensonge me ronge
la face.
un mensonge me mange
le sexe.

dans l'hôpital
un de mes meilleurs amis se sauve
le long des corridors, trébuchant sur des corps
d'enfants et de vieillards,
criant : « je ne suis pas un
assassin ! »
les malades mangent leurs
salades,
salada,
thé,
café,
diarrhée.

je suis malade
je suis salade
je suis l'hôpital,
les mouches se baignent
comme des beautés playboy
dans mon verre de vin
sucré.

dehors,
les arbres sont verts,
armés, et
dangereux.

journée ambulance.
ambulance journée.
ambul ampoule
déambule déambulance
journée.
ambulance née.
saigne du nez,
chante du nez,
la sirène fait: «ben bon, ben bon,
ben bon...»

les poètes font ce qu'ils peuvent.

BERCEUSE MUTILÉE

assis ici
tout nu
attendant que la vie
arrête de crier
pour placer un mot
dans le casse-tête.

les jours viennent trop vite,
ils sont devenus un
clignotement continuel.
mouvement perpétuel
de la chair autour
de cette planète;
crâne,
orbite,
exorbitant.

je suis brûlé,
carbonisé bébé,
charnu d'une serrure à
l'autre,
il me manque des morceaux,
il en traîne partout
je trébuche sur mon
écho.
des coups de feu
dans mes yeux
et il pleut.

ma blonde dort comme mon
moine qui voulait danser
et juste avant de m'endormir
j'entends le silence
qui explose.

au magasin la caisse est
brisée.
le rouleau de papier blanc
pend comme une langue.
je demande un camel filtre,
elle me donne un camel
ordinaire;
je redemande gentiment,
son sourire tombe dans sa
blouse,
elle est grosse et blonde, cherche
son sourire,
me donne mon camel filtre et
sacre après la caisse.

il y a des miroirs partout
dans le magasin,
ils ont tout vu.
des miroirs partout, il faut
se trouver beau pour
pas devenir fou;
entre deux miroirs,
fixant des infinités de soi-même
et de camel filtre.

1.
je ne peux pas dormir.
il y a des tortues
dans mon lit.

2.
le chat dort comme une
pomme.
dehors c'est froid et noir.
presque toute la neige
est partie et c'est
presque noël.

3.
des petits étalons rouges
galopent
derrière mes yeux.

4.
dans la cuisine encore chaude
il ne reste qu'une tranche de pain
qui attend
la faim.

BLUES CROCHE

un blues tout croche,
60 cennes dans mes
poches.

c'est l'été des indiens mais
il ne reste plus un seul
indien.
c'est l'automne au téléphone,
dis-lui que je suis
mort.

bar salon
soir ballon,
femmes asphyxiées de
sophistications informes,
la boucane des export a et des
gauloises
flotte dans l'air,
rêve qui cherche
quelqu'un,
quelque chose,
les regards qui rentrent
dans un œil
et
sortent par l'autre.

je ne sais plus rien
je ne suis plus rien,
j'ai bu mon loyer,
loyer buveur de sang,
les mots me grugent;
je suis plein de trous
et le vent joue dedans
on dirait que je siffle

un blues tout proche,
trop proche.

ostie de pays de rockeurs
qui embarque dans mon amour
comme dans un char.

le jus des jours coule
un peu trop lentement
un ange est descendu du ciel
et est resté accroché dans
les fils électriques en avant
de la maison.
les rêves à maman
sont éparpillés aux quatre
coins du vent.
le soleil est rouge comme
un pétard.
dans les corridors de l'hôpital
on a assassiné le printemps.
on a caché ce qui restait
dans un tiroir de bureau.
et personne se doute de rien.
on fait semblant d'être bien
le sourire aux lèvres.
on se gratte docilement
le poignard dans le dos.
oui.
elle est belle, elle est blonde.
elle est si jeune et déjà
des traces de pneus
sur son ventre.

carrosses de bébés virés à l'envers
dans la neige cassée.
je ne rentre plus à la maison.
la maison ne rentre plus en
moi.

les parenthèses débordent de
points d'interrogation humides.
la politesse de la police pas
d'cuisses
me fait mourir.
printemps.
tout l'hiver je me suis ennuyé
comme un os sans
son chien.
les morts se réveillent et
fouillent aveuglément pour
une première cigarette.
printemps.
le beau temps se promène
d'une personne à l'autre.
à qui le petit cœur après les
heures de visite?
des corneilles à réaction
calcinent l'horizon.
printemps! printemps!
l'oraison vilebrequin des pantins
patine sur la glace des faces.
printemps.
pourboire.
je donnerais mes yeux pour
voir.
la folie est parfaite et unie
comme un miroir.
le raton laveur
s'en lave les mains.

BRÛLE-POURPOINT

je bois ma bière
lentement
comme un rêve
dans un rêve.

autour de moi
ça jase.
ils ont toujours quelque chose
d'intéressant à dire.

je suis un poète.
le feu que j'ai au cul
ne me le laisse pas
oublier.

les coins de rue sont
coupants.

dans les banlieues
les jeunes biches riches
se déshabillent et
brûlent comme des
kleenex dans
les miroirs de leur
chambre.

des hélicoptères tombent
des arbres.

je regarde droit
devant moi.
je bois ma bière
lentement
comme si j'avais
tout le temps
au monde.

la nuit tourne
sur elle-même.
la noirceur tourne
sur l'axe de mes yeux.

je ne suis pas responsable
des dunes de sable qui
lentement s'amassent
autour du lit.
cette femme près de moi
est une oasis.
sous l'ombre de sa chair
coule la seule eau potable.
je ne suis pas responsable
du désert qui lentement
                doucement
                dangereusement
s'amuse autour du
lit.
je ne suis pas responsable
de l'air qui se
solidifie
dans mes narines,
de ma réflexion qui se
défait
dans le miroir de la
chambre de bain.

la nuit tourne
sur elle-même
comme un carrousel.
les chevaux sont
morts mais continuent
de courir
traînant leurs cavaliers
derrière eux comme
des nuages de poussière.

je ne suis pas la réponse.
je suis la question.
je suis le coup de poing
d'interrogation.
cette femme près de moi
est lacérée de virgules.

je lèche ses plaies.
elle lèche les miennes.

APRÈS-MIDI CHANCELANT

le plus gros ouvre-boîte
que j'aie jamais vu de ma
vie est
accroché au-dessus des
maisons.

les nuages sentent les
patates pilées instantanées
shiriff avec
une sauce brune aux
oignons
une sauce brune aux
moignons.

l'argent s'envole
de mes poches.
les piastres sortent
une par une
faisant un bruit d'oiseaux
et elles sont toutes
aspirées par et
brûlées par
un soleil chaud;
bière chaude d'un après-midi
chancelant.

l'ouvre-boîte
se met à tourner par
lui-même sur
lui-même,
déchirant le ciel de ses
pentures et le ciel
de s'ouvrir d'un horizon
à l'autre comme
une canne de bines.

je suis la première bine
à crier en voyant apparaître
la cuillère.

LES DINOSAURES

je m'ennuie un peu des dinosaures.
j'en ai rencontré un une fois
dans un bar.
c'était un bon type
très tranquille
bien éduqué
mais
ils l'ont mis à la porte
à cause de l'odeur.

je pense à toi.
je pense à moi.
je pense aux enfants.
je pense à tous les dinosaures
qui sont morts durant
la dernière grande guerre.

la mouche turquoise de
l'ennui s'est
écrasée sur le pare-brise
de mes yeux.
j'ai beau frotter
j'ai beau pleurer,
elle ne décolle pas.
je tourne et retourne
dans le tombeau
de ma chair,
cherchant une position
confortable pour laisser la
mort me palper.
je suis un vampire tirelire,
mettez des sous dans mon
cul et je mords.
voir très loin est une
autre façon de ne pas voir
du tout comme tout savoir
est une autre façon de ne rien
savoir du tout.
je veux rien savoir
je veux rien savoir.
ma tête s'ouvre comme un
œuf révélant une explosion
nucléaire solidifiée en forme
de calice.
la poésie, mes amis, peut
se permettre d'être drôle,
mais pas la vie.
le calice est dans l'œuf de
chacune de nos têtes,

la serveuse dans n'importe
quel restaurant qui bourrasse
les assiettes, les tasses, les
têtes.

le café, les cigarettes, la boisson
les indiens livrés morts par
un livreur de pizza.
quatre heures et quart.
l'horloge des saisons c'est
le soleil jaune acrylique
accroché au mur de ce restaurant.
l'hiver vient nous chercher
dans nos lits.
la radio informe fredonne
hare krishna coca cola,
je suis dans le restaurant
je veux m'en aller chez nous,
mais je suis cloué au banc
je ne peux m'empêcher d'écrire.

c'est la vie, c'est que sera sera
chanté par doris day et sly and the family stone.

le jus de pomme
c'est l'été condensé.
le jus de tomate
goûtait le cadavre embaumé.
dehors
la pluie pianote sur l'asphalte
entre nous autres visages vitrines
et le dominion.
la pluie pianote des chansons
k-tel d'amour
l'été condamné.
hamburger saignant.
le vent nous arrache les
membres.
poudrerie de la parole.
la grosse rit quand on la
chatouille.
entre nous autres vierges vitrines
et le dominion.

le grand monstre blanc des
ténèbres passe
devant la porte.
il laisse des marques
dans l'air.
est-ce un mort qui revient
ou bien
est-ce moi qui n'en revient
pas?
o ma mie ma demie mie
de pain
me dit rien.
les toasts au fromage
tiennent le silence serré
entre leurs dents.
personne ne me dit jamais
rien.
rien ne me dit jamais
personne.
même les rice krispies ne
me parlent plus.
le grand monstre blanc des
ténèbres tournaille
autour de la maison.
le grand monstre blanc
des ténèbres
broute sur
ma peur.
ma peur se cherche des
raisons dans le
raisin de mon cœur
dans le
raisin sec de mon cœur.

elle est blonde et lisse comme
ses jeans.
elle est belle et lisse comme
cet autobus qui se faufile
le long des rues.
ses fesses séduisent le plastique
du banc.

elle a un beau chien.
tout le monde regarde le beau
chien.
tout le monde flatte le beau
chien.
le beau chien se laisse
regarder.
le beau chien se laisse
flatter.
le beau chien est là pour
ça.

moi je regarde la fille.
les yeux me sortent de la
tête et vont se coucher
fidèlement entre
ses deux jambes.
«wouf! wouf!» je pense
aveuglément à
moi-même en
attendant mon
arrêt —

party party
parti parti
ici où les objets sont des
femmes
un autre soir
le tamanoir en feu
les fourmis s'entretuent comme
des hommes

party party
parti parti
je cherche un gourou au fond
de mon verre
non merci pas de joint par
ici s.v.p. l'imagination est
organique et
les cendres de la méditation
transcendentale sur
le tapis

la nuit est un accrochage
réaction en chaîne générale
toul'monde se veut
toul'monde s'aime et toul'monde
se promène avec des rétroviseurs
de camion vissés
de chaque côté de la tête
et

comme d'habitude
je suis un peu paqueté
mais pas assez alors je

me sens un peu comme
une immense pierre sur
un tremplin de vitre

vite vite
remplis mon verre
vide mes yeux et
c'est plein c'est
le plein ô
attention je vais me
renverser
sur vous ô
merci

en d'autres mots
je n'ai rien vu
je n'ai pas vu les femmes
pupitres
je n'ai pas vu les hommes
garde-robes
je n'ai pas vu les yogis et
les sages
je n'ai vu et entendu
que le chat de la maison
qui a sauté sur une chaise
près de moi
et dans son regard
le ronron de la vérité.

ROUGE

rouge
le sang des
couchers de soleil
dans les veines de
l'homme qui est tombé sur
sa bouteille de
whisky canadien au coin
de queen et yonge.

rouge
le gilet des
canadiens qui jouent
au hockey qui jouent
au hockey avec la vie
de cet homme.

rouge
jaune
vert
la douleur change
constamment de
couleur.

des accidents,
je rêve à des accidents
à des désastres.
des tremblements de terre
de 8,5 magnitude dans mes
culottes
des centaines de morts.
des volcans font éruption dans
l'océan de mon visage.
je les gratte.
la lave est rouge.
tout est rouge.
la lumière est rouge.
on attend.

CHAMBRES VIDES

le soleil sourit
dans les fenêtres
comme le fou
du village.

il nous voit se promener
dans la maison,
il voit les
bas sales
dans nos yeux.

ici c'est l'été
ailleurs c'est
l'hiver.

rien n'a changé.

la flore et la faune
du canada
se déroulent devant moi
sur le train du cn
toronto
montréal
québec.

des arbres et des rivières
des vaches et des moutons
tout passe dans l'entonnoir
de mes yeux.

c'est le wagon bar et
c'est mon troisième rum & coke.
au fond de mon verre
de plastique transparent
sur le train du cn
québec
montréal
toronto
tout passe comme
les lumières oscillantes d'une
machine à boules qui a
perdu les pédales.

des tempêtes de neige
se ramassent sous
mes ongles.

dans les bars
les clients victimes
n'ont pas de bras et
marchent sur leurs mots.
ils s'enfargent dans leurs
verres et jouent aux dés
avec leurs yeux.

les cendriers balbutient.

je suis dans tous les bars
en même temps et
je prends ma bière comme
une retraite.
je balaie les oiseaux morts
de sur ma table pour faire
un peu de place.
je vois une femme
elle porte une parenthèse sur
ses épaules.
elle me sourit, elle me dit
que je suis beau
me brasse comme si j'étais
un paquet de cigarettes et
se sauve subitement aux
toilettes pour
fumer mes doigts.

ma bouteille de bière
hurle comme un fusil
dans l'espace qui reste
entre
l'amour et la folie.

elle était en pleine
crise d'amour.
elle me téléphonait :
«viens faire un tour, viens
jaser, il reste un peu de
pâté chinois...»

l'assistance sociale payait mon
loyer et je vivais avec un fou
qui m'accusait toujours de
voler ses saucisses du
frigidaire.
un pâté chinois était le plus
près d'un orgasme que je pouvais
m'approcher durant cette période
de ma vie.

elle était resté accrochée
sur un musicien devenu
vendeur de disques et
marié.
je voyais qu'elle avait peur :
elle se maquillait, se peintu-
rait les ongles, s'arrangeait
les cheveux et ne
sortait jamais.
on écoutait des disques de
véronique sanson et de
pierre lalonde.

je lui montrais mes poèmes.
elle les trouvait très drôles.
je faisais semblant d'aimer
ses disques, tout en pensant
que j'aimerais beaucoup mieux
lui faire l'amour,
éteindre la musique
éteindre la lumière et
fouiller ses secrets blonds
et blêmes.

je suis parti de mon bord et
elle du sien.
je l'ai jamais revue.
mais son nom
me revient de temps en
temps,
angèle angèle,
il me sonne dans la tête
comme l'heure du souper
dans un petit village l'été,
angèle angèle,
angèle.

CODA

le stéréo
s'éteint
avec la
finalité
d'un coup
de
fusil —
fidélité
du silence
au bruit
quadriphonie
du silence
en moi
les quatre murs de mon
cœur
battent la mesure du
temps qu'il me reste
à payer
sur la terre
un foulard de sang réchauffe
l'hiver décousu de mon
existence —

mais pour le moment
le moment est à moi
je le prends dans mes bras
il me prend dans ses bras
tango tangible
tango transparent et lucide
je danse avec mon ombre
je danse avec mon ombre
je danse avec mon ombre
je danse avec mon ombre

et une fois la danse
terminée
alors
  la lumière
  s'éteint
  avec la
  finalité
  d'un
  coup de poing
  apportant
  subitement
  une noirceur
  complète
  et
  sans erreur

SUDBURY
TEXTES 1981-1983

1983

On se promène
on se promène
on va à Coulson
on tourne dans nos tombes
on tombe dans nos bras
nos chars sport
nos sports chars.

On attend le soleil
les morts descendent en ville et les mannequins
dans les vitrines nous ressemblent un peu trop
on attend le soleil
en attendant
on va à Coulson
en attendant
on se regarde attendre
l'autobus
le train
l'avion
en attendant
la bière est bonne.

La musique est forte et l'élément de danger nous
chatouille les jambes.
On continue de boire
on continue de croire
qu'il y a quelque chose
ici.

Tout le monde se touche
Tout le monde s'atteint
un moment ou l'autre
dans le bar où
le rock and roll se mêle
aux regards.

Tout le monde s'attend
on danse comme des singes
on parle de notre linge
on dit n'importe quoi
en attendant
en attendant.

Les strippeuses mâchent
leur gomme
et essaient de faire bander les hommes
qui se cachent sous la cagoule de l'alcool
comme ils faisaient à petite école
et toutes les femmes prises avec les enfants à maison
qui regardent le souper froid et essaient de ne pas
perdre la raison
en attendant
en attendant.

Tout est tellement vague.
Le rêve américain et
le cauchemar canadien.
Les Indiens prennent un coup et le Lone Ranger
les sert.
Une danse espagnole et un meurtre à Espanola.
Le goût de tout casser.
Le goût de tout brûler.
Le goût de tomber en amour.
Le goût de prendre le contrôle.
Le goût de crier.
Le goût de prier.
Confusion.
Contusion.

On joue avec le feu et
le feu joue avec nous.
On se promène dans tempête
le sourire gelé dans face.
Le vent nous fait faire des génuflexions.
Et tous nos rêves d'hier et toute la sincérité de
nos prières ne peuvent pas guérir le délire qui
nous habite.

Tous les chemins mènent à Coulson.
La neige colle au cœur et tout est noir et blanc
comme une sœur.

Tous les chemins mènent à Coulson.
Dans le parking du centre d'achats les cowboys
forment
un cercle de chars pour mieux se défendre contre
les Indiens qui insistent de mourir à la chaleur du
centre d'achats.

Tous les chemins mènent à Coulson.
Dans la cafétéria du Woolworth des filles-mères
boivent du café et fument des cigarettes et regardent
chaque homme comme s'il était le père.

Tous les chemins mènent à Coulson.
L'amour arrive comme un accident comme un incident
comme un incendie causé par une cigarette dans
un lit de chambre d'hôtel.

Tous les chemins mènent à Coulson.
Sur l'heure la télévision en douleur s'allume
de Chelmsford au Moulin à fleur.

Tous les chemins mènent à Coulson.

Un homme est sur un de ces chemins, conduisant sa
Trans-Am musclée à travers la circulation de 5 heures.

Toutes les fenêtres sont fermées et il est enveloppé
de la musique qui crache du système de son.

Il tousse et s'allume une autre cigarette, tout ceci
en évitant gracieusement un autobus et un taxi.

Il est sur la finance jusqu'aux shorts.

Il descend en ville, sa paye dans ses poches, juste
à côté de ses shorts.

Il s'en va à Coulson.

Il espère rencontrer la femme de ses rêves.

Il pense à se mettre.

Mais il va probablement finir par se battre avec
quelqu'un qu'il ne connaît pas.

Il va probablement finir par se faire mettre à porte
par le bouncer qui a marié la waitress à qui il a
pogné les fesses.

Il va probablement finir dans le décor avec son char
répandu autour de lui comme ses espoirs.

Mais en attendant, il klaxonne en voyant deux belles
filles traverser son champ de vision.

Il fait crier ses pneus en tournant le coin de Elm
et Durham et, satisfait de la performance de sa
Trans-Am, il se cherche un parking près de la
Coulson.

Le rock and roll est imperméable.
Rien ne peut lui toucher.
Assis dans Coulson nous devenons indivisibles.
Le fascisme du feedback contre la démocratie des
drums.
Les tables sont des îles jointes par nos chairs.
Nous sommes unis dans la noirceur et le bruit.

Nous sommes unis entre le jour et la nuit.
Le verre de bière et la bière de verre.
Sudbury samedi soir.
Ici
où la parole danse avec le silence, la parole au
fond d'une bière au fond des mines au fond des
bouches.
Ici
c'est Sudbury et il pleut comme en Angleterre.
Ici
c'est Sudbury et dehors il fait trop froid pour
être cute.
Sudbury samedi soir.
Promesse.
Promesse.

Waitress.
Waitress.
Le paysage est laid et le
boss est anglais.
Waitress!
Waitress!
Service!...
Une ronde pour la table!
C'est Sudbury samedi soir
et t'es notre seul espoir.

114

Danse avec moi
Sous la lune travestie
Danse avec moi
Sous la lune transpercée.

Danse avec moi
Sous la lune de Sudbury
Danse avec moi
Petite louve incandescente.

Danse avec moi
Il faut avoir la foi
Danse avec toi
Descends de ta croix
Danse avec moi.

Laisse-moi voir ta gloire
Fais fondre mon hiver
Danse avec toi
Laisse pousser tes nageoires
Danse avec moi
Petite louve d'ivoire
Danse avec moi
Sous la lune de Sudbury.

Un point d'interrogation
sur l'horizon.
Le point virgule
d'une voiture
dans la nuit.
Un orchestre western joue
dans un hôtel
le long d'une route
où personne passe.
Le froid.
Le noir.

Le froid.
Le noir.
Lumière.
Chaleur.
Un numéro de téléphone
noté sur un paquet de cigarettes sur une table
au Heartbreak Hotel.
Femme.
Lumière.
Chaleur.
Un train passe dans la fenêtre comme un souvenir.

Il finit sa bouteille
se lève
paie et
sort.

Dehors, ce n'est plus
la même ville et
il pleut.
Les taxis et les
autobus lui
jappent aux jambes.

Ce n'est plus
la même ville et
il a perdu son
chapeau et
il pleut et
derrière lui
le restaurant d'où
il vient de sortir
a
disparu.

Les tambours sont muets.
Les habitants de ce pays
ne s'accablent pas de
métaphores inutiles.
Entre Sudbury et Timmins
il n'y a que le vide.
Il n'y a rien à quoi
se comparer.
Le décor est doux et dur.
On connaît déjà son futur.

Il neige sur Nashville.

Il pleut sur Sudbury.

T'es pogné dans un coin.
Y t'reste pus d'foin.
Tes enfants ont faim.
La prochaine paye est loin.
Y t'reste pus rien.
Y t'reste juste ton coup d'poing.

Qu'est-ce que tu vas faire?
La compagnie a tué ton père.
Qu'est-ce que tu vas faire?
La compagnie couche avec ta mère.
Qu'est-ce que tu vas faire?
Y t'reste plus de bière.
Tu n'as pas une prière.
Est-ce que tu devrais te taire?

Le boss joue au solitaire avec ta femme.
Tes enfants sont les bâtards de l'Oncle Sam.
La finance est venue chercher ton char.
Bientôt ils vont venir chercher ton corps.
Mais en attendant tu dors tu dors.
Et c'est peut-être un rêve, mais quand tu te réveilles
tu réalises que t'as dépensé toute ta paye.
La vie est courte et coûte de plus en plus cher.
Tu te sens comme le dernier homme sur la terre.
Et quand je te vois endormi sur la table parmi les
verres je me demande comment longtemps tu vas
continuer de te taire.

T'es pogné dans un coin.
Y t'reste pus d'foin.
Tes enfants ont faim.
La prochaine paye est loin.
Y t'reste pus rien.
Y t'reste juste ton coup d'poing.

Une femme dans mon lit.
Le ciel est bleu autour des yeux.
Je me lève et fais la vaisselle.
Des restants de Kentucky Fried Chicken
sur le comptoir.
La femme se lève s'habille et
disparaît dans une poussière de saluts.
Je ferme la porte derrière elle.
Le soleil éclaire le silence soudain.

L'amour frappe à la fenêtre et la poésie prend
la porte.
Et en attendant, j'écoute Van Morrison en pensant
à toi.
Je pense à ton corps qui nage comme un dauphin
dans la lumière du matin.
(Après que tu es partie, je me promène dans ton
appartement.
Des ombres de toi traînent ici et là au soleil.
J'allume la radio et c'est ta voix aux nouvelles.
C'est une entrevue et tu dis: «Oui, je l'aime…»
J'allume la télévision et tu es là, entre les
massacres au Salvador et l'économie canadienne.)
L'amour n'est pas facile à Sudbury.
Facile n'est pas l'amour à Sudbury.
Les rues sont couvertes d'un asphalte de promesses.
Les maisons sont couvertes d'un givre de larmes.
Des cris attendent le printemps sous la neige. Qui,
qui tombe en amour à Sudbury?
Pour le moment, c'est toi et moi.
Pour le moment, c'est nous les chanceux, les gagnants
de la loterie. On se cherche, on se trouve.
Souplesse du désir. Discipline du délire. J'aime,
donc je suis. Je suis celle que j'aime. Le verbe
être couche avec le verbe avoir.
(Après que tu es partie, je me promène dans mon
appartement. Ton image passe dans mon cœur comme
l'autobus pour Timmins passe sur la rue Elm.

Il est 3 heures de l'après-midi. Je suis à ma table et j'écris ceci.

Lorsque je commencerai à m'inquiéter de la construction de mes phrases et de la variété de mes métaphores, je fermerai mon cahier comme on ferme l'école durant une tempête de neige. Je laisserai faire l'imaginaire et je t'appellerai.)

L'amour frappe à la porte et la poésie regarde par la fenêtre.

(première version)

J'ai payé mon compte de téléphone aujourd'hui.
J'ai écrit un bon poème aujourd'hui.
J'ai mangé une omelette aux saucisses hot dog
aujourd'hui.
J'ai rempli ma formule du conseil des arts aujourd'hui.
J'ai pu me payer un 12 onces de rye aujourd'hui.
J'ai pu me payer un paquet de Players Light (régulier)
aujourd'hui.
Je me nourris d'idéalisme et de bravado et de rock
and roll et je flaire le steak que la propriétaire
fait frire sous mon nez.

(deuxième version)

J'écoute les bruits de la maison, des portes qu'on
ouvre et ferme.
Des enfants qui pleurent, des adultes qui rient.
Des stéréos qui crachent et des amants qui se
chicanent.
Des téléphones qui sonnent et personne pour
répondre.
Des chiens qui jappent et personne pour les nourrir.
Je vis ces vies en même temps que la mienne.
J'écoute le vent de février qui gratte à ma porte.
Je regarde par ma fenêtre et je réalise que ce n'est
pas ma fenêtre mais la fenêtre.
Je regarde mes cahiers et je réalise que ce n'est pas
ma poésie mais la poésie.
Que ce n'est pas la poésie mais notre poésie.
J'ai écrit un bon poème aujourd'hui.
Il ne m'appartient plus.

La main, machinale comme une pelle mécanique, ramasse le verre, l'amène à la bouche, la bouche prend une gorgée. La main retourne le verre à sa place et, en revenant, prend la cigarette et l'amène à la bouche. À la télévision, un western avec Charles Bronson qui a l'air tough parce qu'il possède l'unique talent de parler sans ouvrir la bouche.

Le volume est presque au maximum. Des coups de fusil, des hennissements de chevaux et, mêlées dans tout ça, des annonces pour un disque d'Elvis, la plus complète collection à date, etc. La main continue de remplir la bouche de l'homme de fumée et de liquide. L'homme est assis sur un divan en avant de la t.v. C'est sa main. Il la connaît comme le dos de sa femme. Il est assis sur le divan dans son caleçon. Il y a longtemps que sa femme dort. Il l'entend tousser dans la chambre à coucher. Les enfants, eux aussi, dorment.

La main continue son travail. À la télévision, Charles Bronson vient de se faire surprendre dans sa baignoire par une femme. La femme est très belle et blonde et grande et l'homme sait ce qu'il aurait fait, lui, dans une situation pareille. Quelque chose bouge dans son caleçon. Il pense aux fesses constamment engraissantes de sa femme et la chose cesse de bouger. Il pense aux paiements pour la maison qu'il ne pourra pas faire ce mois-ci et la main travaille un peu plus vite.

La blonde est assise dans un champ et regarde un
cheval fourrer une jument. Charles Bronson arrive
derrière elle et voit ce qu'elle voit. On sait
comment ce genre de scène finit. Mais on ne le
voit jamais. L'homme se rappelle, un soir il avait
tourné au poste français par accident et, là, il
l'avait vu. Tout. Même Charlie's Angels ne l'avait
jamais fait bander comme ça. La chose recommence
à bouger dans son caleçon. Il soupire. Il éteint
la t.v. et sa cigarette presque d'un seul geste,
sec et précis. Il va se coucher. Sa femme tousse,
murmure quelque chose quelque part entre le rêve et
la réalité. Il lui frotte une fesse. Elle se rendort
immédiatement. Quelques minutes plus tard, l'homme
s'endort aussi. Il tourne dans son sommeil comme
un poulet sur une rôtissoire. Un des enfants se
réveille.

❖

L'homme se réveille. Dehors, il fait encore noir.
La fumée des cheminées est figée au ciel. Sa femme
dort près de lui. Il la regarde dans son sommeil
silencieux et, pour un instant, se sent très seul
et vieux. Dans la noirceur, il s'allume une
cigarette. Il regarde l'heure à l'aide de son
allumette et l'éteint. Tout ceci fait une éclaircie
momentanée dans laquelle on a le temps de voir son
visage fripé, sa barbe pas rasée, un peu de gris
sur les tempes, ne laissant à la fin que le soupir
satisfait de sa première cigarette de la journée.

La journée, le jour, le matin s'écoule lentement dans la maison. La lumière remplit la maison comme un aquarium et l'homme, poisson blême et poilu, nage vaguement dans cette eau lourde. Il va dans la cuisine, sort son lunch du frigidaire et le met dans sa boîte à lunch. En s'habillant, il fait chauffer de l'eau pour un café. Il rentre dans son linge sans problème. La chemise de travail, les culottes, les bottes, tout semble lui faire comme une peau. Comme s'il était venu au monde avec un teint gris travail. Il va aux toilettes pour pisser et se voit dans le miroir. Il se reconnaît immédiatement.

Il ressemble de plus en plus à son père. Les traits façonnés par le marteau du travail. Le regard rodé par la routine...

Avant de s'hypnotiser complètement, il décide de se raser. Il ferme la porte pour que le bruit du rasoir électrique ne réveille pas les enfants. Les enfants, qui sont impossibles à réveiller pour l'école mais se réveillent toujours au milieu de la nuit à une heure exacte pour un verre d'eau ou un cauchemar...

Il finit de se raser et sort de la chambre de bain. Il cale son café froid. Il sent un semblant de vie l'envahir. Il sent une main douce mais ferme le pousser dans le dos, vers la porte. Une main invisible mais qu'il connaît depuis longtemps. Une main qui le pousse dans l'entrée et vers la porte.

Il a juste le temps d'enfiler son manteau et soudainement il est dehors où le froid l'attrape par le chignon du cou et le dépose dans sa voiture. C'est le seul moment où il se charge de son destin. Il pourrait juste disparaître... comme son père...

Dans la maison, la femme se réveille et trouve le lit vide et grand, tellement grand.

✜

(pour Jean Marc et Brigitte)

Je me réveille au son d'une pelle qui gratte la
neige.
Je me réveille au son de cloches qui sonnent contre
les fenêtres endormies.
Je me réveille au son des voitures qui se glissent
dans le delta des rues.
Je me réveille au son des camions qui charrient le
papier pour les poèmes que je n'ai pas encore écrits.
Je me réveille au son des souvenirs qui écrasent
le silence.
Je me réveille au son de ma pensée.
Le gris du ciel et
le gris du cerveau.
Le café m'attend.
Le téléphone m'attend.
Le miroir m'attend.
L'appartement m'attend.
L'amour m'attend.
La vie m'attend.
Je me réveille au son de Sudbury.
Je me réveille au son de ta voix qui vient du fond
de mon amnésie.
Je me réveille au son de ma voix qui soupire ton
nom dans l'oreiller sale de l'aube.
Je me réveille au creux de la distance, je me réveille
à Sudbury, dans la lumière de ton absence.
Je me réveille au son d'une pelle qui gratte la neige
et tout recommence.

(pour Marcel Aymar
et Neil Young)

C'était un gars du nord.
On lui dit:
T'as pas de pays.
T'as pas de pays.

Et le gars du nord
Va voir sa femme et
Il lui dit:
J'ai pas de pays.
J'ai pas de pays.
T'as pas de pays.
On n'a pas de pays.
Qu'est-ce qu'y a pour souper?
Le steak es-tu cuit?
Y a pas de steak.
Juste des restants.
J'ai pas de pays.
Où sont les enfants?

Et le gars du nord
Va voir son boss et
Il lui dit:
J'ai pas de pays.
J'ai pas de pays.
J'ai pas de steak.
Et son boss lui dit:
Laisse faire ça.
Travaille mon tabarnak.
Envoye par là.
Envoye dans l'trou.
Christ de fou.
Comment va ta femme?

C'était un gars du nord.
On lui dit :
T'as pas de pays.
T'as pas de pays.
T'as pas de pays.

Et le gars du nord
Va voir sa femme et
Il lui dit :
Ma tabarnak.
Ma tabarnak.
Il lui donne une claque.
Elle s'écrase comme un sac.
Elle se replie comme une mappe.
Ma tabarnak.
Ma tabarnak.
Ma tabarnak.
Où est mon pays ?
Où est mon pays ?
Où est mon souper ?
Ma tabarnak.
Ma tabarnak.
C'est toute de ta faute.

C'était un gars du nord.
On lui dit :
T'as pas de pays.
T'as pas de pays.
T'as pas une chance.
Envoye danse.
Envoye danse.
Danse.
Danse.
Danse.

Treize heures d'autobus entre Hearst et Sudbury.
Je traverse le pays adoptif de mes ancêtres.
Je traverse le pays de l'amour secret.
Je traverse le pays du silence concret.
Chaque ville chaque village chaque visage imprimés
pour toujours dans les fenêtres teintées de cet
Americruiser.
Chaque arrêt marqué par des gangs de jeunes flânant
sous un ciel bleu comme leurs jeans.
Un ciel bleu comme leurs fantaisies.
Un ciel bleu-gris comme le chemin qui se déroule
sous cet autobus.
Cet autobus qui me met hors de moi-même en
m'amenant
plus près de moi-même.
Cet autobus qui me rapproche de mon peuple en le
laissant derrière lui.

Les chansons tristes nous rendent lisses comme un
soir de pluie.
Mémoire mémoire.
L'ennui nous fait continuer jusque tard dans la
nuit.
Mémoire mémoire.
On vit de regrets et d'excuses
on vit d'effets spéciaux et de ruses.
Mémoire mémoire.
L'alcool nous rend vrais comme la nuit.
Mémoire mémoire.
L'hiver refuse de casser.
L'automobile qui refuse de te laisser passer.
La neige comme des pellicules sur le cuir chevelu de
la terre.
Mémoire mémoire.
La tête qui explose comme une planète.
La violence et la tendresse s'embrassent aux coins
des rues.
Tout ce qui reste de nos amours sont des enfants qui
jouent dans un parking.
Tout ce qui reste de nos aventures sont une maison
vide et une voiture.
En 1972, c'était tellement plus facile.
En 1972, on était tellement plus dociles.
Maintenant, il n'y a plus personne à écouter.
Maintenant qu'on sait qui on est, personne nous
reconnaît.
Le temps raccourcit.
Le soleil se cache derrière un nuage de whisky.
La rue Elm s'étend comme un fleuve sans fond sous
le ciel anémique de Sudbury.

On part de nulle part.
On part de nulle part.
Ce besoin fatalement nécessaire d'arriver quelque
part.
Sudbury silence.
Sudbury silence.
Sudbury distance.

La noyade, comme d'habitude,
une de ces nuits
où la radio ne
laisse aucune trace, où
ni le rock and roll ni
le jazz peuvent
adoucir le fait que
Wagner donne un concert
dans le garde-robe.

dans cette chambre
où j'entends soupirer
l'horloge
l'horloge
l'horloge et
les gémissements de mes shoe-claques meurtries

et les livres pleins
de mots
ces mots qui font
des poèmes
ces poèmes qui collent
au cœur et qui
font mal quand
on les arrache, comme un band-aid.

on passe la soirée
à regarder la télévision
qui nous fait chier
mais qu'on regarde
quand même
par peur de se
trouver soudainement
seul et sans défense devant le rhinocéros du silence.

un de ces soirs
où ça ne sert à rien
de gueuler car
la nuit pénètre par
toutes les fenêtres en
même temps, et
c'est l'inondation
c'est une étoile sale prise
dans la gorge
c'est comme d'habitude
la noyade.

La nuit s'affirme.
Le temps passe et je me ramasse comme un bateau
dans une bouteille.
La nuit brûle sa brassière et je me brasse de
gauche à droite devant le clavier de
ma machine à écrire comme Ray Charles devant
son piano.

La nuit est sourde et froide.
Le silence absorbe tout.
Robert conduit sa Lada à travers la neige et les débris
du samedi soir à Sudbury.
Il est saoul et mou et il ne reste de lui qu'une
silhouette de son corps dans la voiture avec nous.
La voiture se conduit seule. Comme un cheval fidèle
elle connaît le chemin du retour.
Robert se tourne sur lui-même et jase avec nous.
« I hate this fucking town », il dit en fouillant ses
poches pour une cigarette.
La nuit est sourde et froide.
Notre silence absorbe la folie de Robert.

Sudbury passe dans les vitres de la voiture comme
un film brisé.

Le lit défait et
la victoire de l'amour.
La lumière du matin sur
la cire de notre chair.

Malgré la dépression
malgré la répression
je ne peux m'empêcher de sourire
en te voyant dans mon lit.

Le lit défait et
la victoire de l'amour.
Nos corps se noient dans la joie
comme un accident de fin de semaine.

Malgré l'inflation
malgré l'infliction
malgré le danger sans récompense
malgré le danger de cette dépense
je ne peux m'empêcher de mourir
dans le ressac de ton cri.

Le lit défait et
la victoire de l'amour.
La lumière du jour fait éclater
la pierre de cette terre.
On se réveille au son des oiseaux.
On se réveille au son des chiens.
On se réveille au son des chars.

Je regarde par la fenêtre de ma cuisine
et je vois Elm Fashions et je vois
des jeunes femmes qui sortent d'un
char des
jeunes femmes aux longues jambes
devenues dures à l'idée du mariage
aux hanches parfaites et creuses et prêtes
à recevoir l'idée du mari —
le futur de ces femmes est une robe de
mariage de 500 piastres qu'elles
revendront plus tard à la radio
pour 150 piastres —
tout se résume à un prix tandis que
la pluie colle à leurs corps frais et
elles sont belles —

La fumée de la grande cheminée de Sudbury
fouette le ciel et le ciel est gris comme
une chemise de travail maculée de sueur qui
colle au dos et
la neige tombe comme du sel sur les blessures
de cette ville qui a perdu toutes ses dents et
fume des rouleuses en attendant l'autobus qui
est en retard et
les Indiens se promènent d'un hôtel à l'autre
cherchant l'hôte de leur éternelle brosse mais
il n'est pas ici il est partout et nulle part
il est Dieu et son fils travaille pour la compagnie
et son fils dit des choses que personne comprend et
que tout le monde applaudit et ne veut pas
comprendre et

la fumée de la grande cheminée de Sudbury
fouette le ciel et le ciel est gris comme
une chemise de travail maculée de sueur qui
colle au dos et
les églises sont pleines le dimanche comme
les hôtels le samedi soir.

De temps en temps, je pense encore à la poésie /
je vais regarder et jouer avec tes cheveux pris
dans l'engrenage de ma machine à écrire /

De temps en temps, je pense encore à toi /
j'ai une peinture de toi dans le musée de mon cœur /
mais l'éclairage est un peu flou et je ne me rappelle
plus / du nom du peintre /

De temps en temps, je pense encore à manger /
quand je peux m'arrêter de penser à tes yeux
dans mon miroir qui me regardent me raser /
qui me regardent pisser
qui me regardent chier /
du sang dans les coins où le silence s'amasse et
je crie comme un saxophone /

De temps en temps, je pense encore à respirer /

Phrase par phrase
l'amour se défait.
Des trous se font dans la conversation.
Elle dit: «Je suis vide.»
Il dit: rien.
Elle dit: «Je n'en peux plus.»
Il dit: «Je t'aime.»
Dehors, la pluie pleure sur la ville.
Elle dit: «Qu'est-ce que tu veux de moi?»
Il pense: toi, je veux toi.
Il dit: rien.
Elle dit: «Parle-moi, s'il vous plaît, parle-moi...»
Il regarde le plancher, le cendrier, sa cigarette,
sa bière.
Il est doux et désespéré.
Il est dur et plein d'espoir.
Elle dit: «Qu'est-ce qui nous arrive?»
Il regarde le plancher, le cendrier, ses souliers,
sa bière.
Les murs. Les murs. Les murs.
Murs de lumière.
Elle a besoin de vérité et d'amour.
On lui donne un concept.
On lui donne un contraceptif.
Il a besoin d'amour et de vérité.
On lui donne des fantasmes.

They make it sound so easy.
They make it sound so easy.
Le ciel au bout de tes jours.
Le nouveau char dans cour.
Les arbres remplis d'amour.
Elle dit: «À quoi est-ce que tu penses?»
Il dit: «À quoi est-ce que tu penses?»
Phrase par phrase
l'amour se défait.
Phrase par phrase
l'amour devient silence.
Phrase par phrase
l'amour devient rumeur.
Mot par mot
l'amour devient métaphore
tandis que la lune pend
comme une tumeur au cœur
de Sudbury samedi soir.

Ce bateau qui coule.
Suis-je le passager ou le capitaine ?

Ma tête est une maison en feu.
Du monde saute des fenêtres.
Suis-je le locataire ou le propriétaire ?

Je te trouve belle en regardant les nouvelles.
Suis-je chez moi ou chez toi ?

Comme un film de Louis de Funès
tout se complique pour rien.
Partout dans la ville des amants se masturbent,
seuls dans leur chambre, en attendant des jours
meilleurs.

Ce bateau qui coule.
Suis-je le passager ou le capitaine ?

Tout est tellement délicat.
Les rues de Sudbury résonnent comme de la vitre sous
nos bottes de cow-boy.
Tout est tellement délicat.
L'odeur de ton corps dans mes draps.
Tout est là.
Il ne reste qu'à ramasser les morceaux.

Ce bateau qui coule.
Qu'allons-nous faire de nos rêves ?
Qu'allons-nous faire de nos rêves ?

❖

Les rêves les rêves les rêves
Pourquoi rêver quand on connaît
déjà son
futur?

La cuisine fait des bruits.
Il n'y a qu'elle et elle et elle et elle
une image comme des ailes chaque côté de ma tête
ce soir.
Elle et elle et elle et elle se promène
dans mon sang.
L'amour se répète répète répète comme
un disque accroché.
Je ferme les yeux et je la vois.
Elle est distante mais solide.
À Sudbury on s'ennuie tous de nos blondes.
On retarde autant que possible l'heure du coucher.
On retarde autant que possible l'heure du lever.
On se réveille et la cuisine fait des bruits.
On se réveille bandé et
seul.

Les rues sont en feu et
on marche sur les braises.
Mais le ciel est bleu
et on se sent à l'aise.
Les chiens aboient et
les arbres font la loi.
Nous sommes faits de roches
et la nuit est dans nos poches.
Pays sans espoir.
Pays sans espoir.
Espoir sans pays.
Arrête de penser.
Arrête de penser.
Chante une chanson.
Chante une chanson.
C'est juste un jeu
qu'il faut savoir jouer.
Les rues sont en feu et
nos cœurs sont troués.
Les mots qui sortent
de la caverne de la bouche
comme des chauves-souris affamées.
C'est toujours la même histoire.
Dépassé par les événements
comme une Volkswagen dans
l'espace, un homme brûle dans
la neige de ses désirs.

L'amour nous fourre.
Le folklore nous fait mourir.
La mode nous dit quoi dire.
L'amour nous fourre.
L'amour nous fourre.
L'amour nous fourre.
La subtilité prend un taxi et nous sommes
soudainement seuls.
Les jésuites plain-clothes à la sortie de
l'hôtel.
Un Indien dans le bar cherche ses ancêtres
dans le fond d'un verre.
La waitress regarde l'heure.

On meurt de peur.
On meurt de peur.
On attend la déesse.
On attend la déesse.
Nos âmes vides se remplissent
de détresse.
La vie vole nos souvenirs.
On se sent obligé de rire.

la manière qu'une waitress rit dans un restaurant
bondé, comme si le mobilier, les tables et les
chaises allaient sauter à la gorge des clients.

la manière qu'une waitress rit dans un restaurant
comme si c'était nous l'objet de la farce.

La pluie me suit.
Je fuis comme un bruit.
Le bruit s'éloigne de sa naissance.
Je refuse la douleur.
Je marche le long des rues d'une ville.
La ville est vide et familière.
Elle a mes yeux.
Les vitrines sont toutes brisées et
les lumières sont toutes allumées.
Des voitures encore chaudes dans les parkings
de cette ville.
Des banques pleines d'argent et les portes barrées.
Je connais cette place.
Je connais cette face.
C'est l'hiver et la nuit se regarde dans la glace.
Des lits vides dans des chambres vides.
Des salons vides.
Des télévisions diffusant que de la neige.
Dans chaque maison les miroirs sont parfaits et lisses
comme la folie.
Je suis un citoyen de cette folie.
Résidence impitoyable et permanente.
Je cours comme un animal
dans ma ville natale.
Je ne peux pas partir et
je ne peux pas revenir.

Je fouille mes poches.
J'ai un cri dans gorge.
J'ai un cri dans gorge.
Un cri dans gorge.
Un cri dans gorge.
Je descends en ville.
Je descends en ville.
Il n'y a personne qui conduit l'autobus. Il sait
où m'amener. La nuit m'enferme comme une caverne.
La ville boit du sein de la peur.
Dans les hôtels, la musique colle à la chair.
Les sorties de secours sont bloquées.
Jeunes hommes chauves et
jeunes femmes fauves.

Jeunes hommes forts qui
dansent avec la mort.
Un slow cochon avec la mort.

Je descends en ville avec mon cri dans gorge.
Je m'en vais où la réalité est un bouncer qui s'excuse
en te crissant à porte.

✣

Tout s'éloigne.
Tant de choses auxquelles s'attacher.
Tant de choses qui s'attachent à nous,
comme des sangsues.
«Je n'ai plus le goût d'écrire», nous annonce
la belle poétesse en nous montrant ses nouvelles
bottes de cow-boy.
Nous avons tous couché avec elle à un moment
ou l'autre et on essaie de sourire et de s'intéresser
à ses bottes.
Tout s'éloigne.
On ne va plus se chercher une bière par plaisir,
mais par nécessité.

Trop vieux pour une crise d'adolescence et
trop jeune pour une crise de conscience.
Je ne suis le matelas de personne, je ne suis
la béquille de personne, prends ton grabat et
mange de la marde, j'aime mais je ne guéris pas,
c'est trop de trouble, je ne suis pas ton aspirine,
je ne suis pas ta carabine, je ne suis pas ton lance-
flammes, je ne suis pas ta chanson d'amour, je te parle
de la mort et tu penses à te mettre.
Tu es dans mon lit comme un enfant qui meurt de
faim en Amérique du Sud, ton corps est séduisant
comme la pitié, tu me contes des mensonges en
rongeant ma tendresse,
je suis dur et tu es molle, je suis ton père et tu es
ma mère,
on s'aime sans oser se le dire et la lumière éclate
de rire;
l'hôtel après le dernier verre, il n'y a pas de
logique à suivre, je pense à ce que je vais faire
de ma vie, tu rêves à ce que tu vas faire de ma vie;
et le silence nous enveloppe comme du feedback
inattendu,
et je me lève de ton corps et je change de poste,
et je réalise soudainement que tellement de poètes
ont été tués par l'idée et/ou le mythe de la vie
de poète;
je te regarde dans ta satisfaction, c'est facile pour
toi d'être sans nation, je te donne mon imagination,
je te donne mon affection, je te raconte ma vie, tu
me racontes la vie des autres, j'ai juste le goût
de prendre un coup, j'ai mal partout et je pleure
comme un loup, tu fais un bruit sur mon ventre
comme la pluie sur une tente;

je m'endors et tu t'endors, il ne reste plus de mots
et tes mains cherchent mon corps.
Le jour nous attend, il attend notre réveil avec
l'impatience de la science.
Le danger dans la danse.
Un dernier bec.

Les dieux boivent leur vin et
mangent leur pain en attendant la fin.
Ils ont les armes
on a les larmes.
Ne regarde plus l'heure et
laisse faire tes fleurs.
Finies les folies.
Finies les folies.
Tes amis sont trop polis.
Tes amants meurent dans la foule et
tes enfants sont élevés par des
machines à boules.
Où sont les cigarettes?
Où sont les allumettes?
Où sont les vedettes?
Où sont les poètes?
Ferme les rideaux
il n'y a pas de fenêtres.
Tu nourris l'image de ta
souffrance.
Lézard du hasard.
Tu te caches dans ta chair.
Tu es qui tu veux, quand
tu veux.
Les dieux boivent leur vin et
mangent leur pain en attendant ta faim.
Ils ont tes armes
ils ont tes larmes.

«There ain't no life nowhere...», dit Jimi Hendrix
en toussant.
Une femme grouille dans mon lit.
C'est un vieil enregistrement de Hendrix.
C'est un vieux rêve.
On le partage comme un oreiller blanc dans
la nuit sans lune de Sudbury.

Je suis né pas loin d'ici.
J'ai encore les traces sur mon ventre.
Taches de naissance.
Je suis né pas loin d'ici mais
personne me reconnaît.
Je montre des photos de moi aux habitants.
«Avez-vous vu cet homme?» je leur demande.

Je me souviens d'une station wagon qui coupe la nuit
qui ouvre la nuit du nord comme un couteau de
chasse ouvre sa proie
Nous sommes tous là
ma mère ma sœur son mari et ses enfants tous
dans cette voiture c'est
Johnny B. Good Leblanc qui conduit son visage
vaguement éclairé par la lueur du tableau de bord
Je suis le seul des passagers qui ne dort pas tandis
qu'on continue avec un océan de vert meurtri de
chaque côté
Ma sœur dort sur le banc d'en avant
la noirceur qui rentre et sort de sa bouche ouverte
La nuit est longue et sans plis
La nuit est longue et sans plis
La nuit est longue et sans plis
La nuit est longue et sans Soudainement
quelque chose déchire le tissu quelque chose bouge
là et
le pare-brise devient un écran cinémascope les phares
de Twentieth Century Fox et Gulf Western éclairant
l'animal l'animal l'orignal en plein milieu du chemin
qui fige et
fixe son destin qui roule vers lui à 60 milles à
l'heure
Ses yeux ses yeux ses yeux ô dieu son regard jusqu'à
la dernière minute et le choc sourd-muet de fer contre
chair

Et ma sœur qui se réveille en criant un grand cri
fou et
final comme si l'âme de l'orignal avait passé dans
elle en
mourant et enfin
le silence
le silence de notre silence dans
le silence entre
Timmins et Toronto.

Comme quelqu'un de cassé
je vis dans le passé.
Je pense au temps où
j'avais de l'argent.
Je pense au temps où
j'avais de l'amour.
Je pense au temps où
il y avait un escalier de secours.
Comme un prisonnier
je regarde dehors.
J'ai des couteaux qui me poussent
dans le corps.
J'écris des poèmes en attendant de
devenir musicien.
Je joue aux cartes en attendant de
devenir magicien.
Ma vie manque de lumière mais
je ne suis pas électricien.

Il n'y a qu'un seul feu de secours.
Jours sans ciel et nuits de velours.

Cette femme.
La musique musclée de ses gammes.
Elle s'enfonce dans les rues.
Elle s'enfonce nue dans les rues de Sudbury.
Elle dort dans mon corps.
Elle dort dans mon corps.
Ses rêves me réveillent.
Le gant de son sang sur la table de nuit.
L'encyclopédie de ses secrets contre un mur de
sa chambre à coucher.
Doux naufrage.
Doux naufrage.
Je disparais dans le triangle de ses Bermudes.

Tes poèmes sont déprimants.
(Le rêve refusé.)
Une bonne bière en attendant.
(Le rêve refusé.)
Le silence est d'or.
(Le rêve refusé.)
Le géant qui dort.
(Le rêve refusé.)
On a du fun.
(Le rêve refusé.)
Ils ont des guns.
(Le rêve refusé.)
On est en amour.
(Le rêve refusé.)
Il ne faut pas être négatif.
(Le rêve refusé.)
Il faut être positif.
(Le rêve refusé.)
Ça pourrait être pire.
(Le rêve refusé.)
Il faut vivre dans le présent.
(Le rêve refusé.)
Les ancêtres giguent dans notre sang.
(Le rêve refusé.)
De la belle musique pétée.
(Le rêve refusé.)
La poésie fêtée.
(Le rêve refusé.)
La parole publiée.
(Le rêve refusé.)
Le mensonge imprimé.
(Le rêve refusé.)
On s'aime.
(Le rêve refusé.)
Notre amour rouge et dur.
(Le rêve refusé.)

On s'aime.
(Le rêve refusé.)
On a le goût de se mettre.
(Le rêve refusé.)
Même si les soldats nous guettent.
(Le rêve refusé.)
Il faut se nourrir.
(Le rêve refusé.)
Il faut se guérir.
(Le rêve refusé.)
Il faut vivre.
(Le rêve refusé.)
Nous ne sommes pas un rêve.
(Le rêve refusé.)
On s'allume une dernière cigarette.
(Le rêve refusé.)
On paie une bière au poète.
(Le rêve refusé.)
La télévision est allumée.
(Le rêve refusé.)
Les lumières sont fermées.
(Le rêve refusé.)
Nos yeux regardent.
(Le rêve refusé.)
Nos yeux regardent.
(Le rêve refusé.)
Le rêve diffusé.
(Le rêve refusé.)
Le rêve diffusé.
(Le rêve refusé.)
Ici Radio-Canada.
(Le rêve refusé.)
Et cetera.
(Le rêve refusé.)

La pluie mouille les yeux de Sudbury.

Le rêve du rock and roll agonise
dans la Coulson.
Le rêve des Indiens meurt quelque part entre
la Frontenac et la Prospect.
La poésie devient aussi inutile et vague qu'une
police d'assurance.
Le jour s'endort tout habillé sur un lit de
pierres précieuses.

La pluie mouille les lèvres de Sudbury.

Des posters de John Travolta regardent les jeunes
filles se déshabiller dans leur chambre.

Chaque poème griffonné et menaçant comme

la note trouvée dans la main du suicidé.

Cette ville qui nous écrase.
Cette ville qui nous mange comme un cancer.
On boit parce que ça fait mal.
On boit et ça fait encore plus mal.
On essaie d'oublier la douleur.
On essaie d'oublier la chaleur.
On est assis dans Coulson et on essaie de s'oublier
mais tout le monde se ressemble.
Le temps passe vite quand on a du fun.
Le temps passe vite quand on a du fun.
Le temps passe vite quand on aime personne.
Le juke-box ne brise pas la douleur.
Radio-Canada ne brise pas la douleur.
Robert Paquette ne brise pas la douleur.
Cano ne brise pas la douleur.
Pierre et le Papillon ne brise pas la douleur.
Jocko Chartrand ne brise pas la douleur.
Chalet ne brise pas la douleur.
La Nuit sur l'étang ne brise pas la douleur.
Le festival Boréal ne brise pas la douleur.
Le patriotisme ne brise pas la douleur.
Tous les rigodons au monde ne brisent pas la douleur.
Toute la poésie au monde ne brise pas la douleur.
L'ACFO ne brise pas la douleur.
Les amis ne brisent pas la douleur.
Il ne reste que le silence.
Il ne reste que la distance.
Il ne reste que la douleur.

Le temps passe vite quand on a du fun.
Le temps passe vite quand on a du fun.
Le temps passe vite quand on attend personne.
Cette ville qui nous écrase.
Cette ville qui nous écrase.
On veut sortir.
On veut sortir.
Embarque dans mon char.
Embarque dans ma peau.
Cours dans mes veines.
Guéris ma peine.
Brise ma douleur.
Brise ma douleur.
Il n'y a rien d'autre à faire.
Touche ma tristesse vieille comme la terre.
Frotte ma douleur.
Frotte ma douleur.
Frotte ma douleur.
Frotte ma douleur.
Cette noirceur qui nous enveloppe.
On veut sortir.　　　On veut sortir.
On veut dormir.　　　On veut dormir.
On veut mourir.　　　On veut mourir.
Cette ville qui nous écrase.
Cette ville qui nous arrache les ailes.
Viens me voir.
Viens me croire.
Tu sais où je reste.
La tendresse est ma seule adresse.

Ce pays qui nous fait sourire
en attendant de mourir.
L'initiation à la prière et
l'invitation de la rivière.
Ce pays qui nous fait courir
en attendant de se nourrir.
Ce pays qui est tellement poli qu'on
se croirait presque libre.
Ce pays qui est tellement libre
qu'on se sent obligé d'être poli.
Ô Canada, terre de mes ayoïlles.
La reine qui n'a jamais pleuré en
écoutant un orchestre western dans
un hôtel de Sudbury.
Je pense aux hommes qui brisent
des vitrines sur la rue Durham.
Leurs mains grosses comme des charrues.
Leurs cœurs vides comme des gymnases.
Je pense à toutes les choses dans
les vitrines sur la rue Durham.
Leurs reflets agace-pissette sur des yeux
affamés d'amour. Les animaux aux frontières de la ville
qui attendent qu'on se consomme.
Des insectes sur le manuscrit.
Des insectes dans mon lit.
Une chanson sentimentale à la radio et
je pense à toi.

Tu prends une photo de moi et
je me sens déjà comme un souvenir.
Je fume cigarette après cigarette et
mon silence t'inquiète.
Entre ton corps et ma machine à écrire
des mots tombent de mes poches.
Entre te voir et t'avoir
je perds toute notion de qui je suis.
Entre les deux yeux.
Entre les deux murs.
Entre chez vous et chez nous
je rencontre des cadavres qui me
demandent l'heure et me parlent de toi.
Ils me disent que tes démons sont
dans mon corps.
Ils vivent de me raconter des choses
sur toi.
Quand je leur dis que je t'aime,
ils se sauvent en hurlant comme des Japonais qui
meurent dans un film de guerre américain.
Des insectes mon amour.
Des insectes bruissant chaudement dans mon lit.

Je m'assois devant cette machine et je contemple la page vide. Je me demande ce qu'il y a de si urgent à dire. Les beaux mots. Les beaux mots. Les tournures de phrases. Les métaphores qui me cherchent, qui m'attendent à chaque coin de rue comme comme comme comme... Transformer mon ennui en poésie pour...

qui? toi? moi? Pour les mangeurs de littérature? pour prouver quelque chose à quelqu'un? pour entendre ma voix dans le vide? Je m'assois devant cette machine à écrire et je contemple mon succès avec le vide.

Dehors, le coucher du soleil maquille les roches de Sudbury. Tandis que tu te bronzes dans le regard de tes amis, je me promène dans les rues de Sudbury. Je fais semblant que j'ai beaucoup de choses à faire, beaucoup de choses à dire. Je visite des amis et je m'ennuie. Je prends une bière à Coulson et je m'ennuie. Je prends une bière chez nous et je m'ennuie. Je m'assois devant ma machine à écrire et je m'ennuie. Je pense à la poésie et je m'ennuie.

Ces jours, ce n'est pas de poésie que j'ai besoin.
Ces jours, j'ai besoin de tes premiers soins.
J'ai besoin de ton baiser pour guérir la cicatrice qu'est devenue ma bouche. J'ai besoin de la camisole de force de tes bras pour me garder sain d'esprit.
Si tu savais ce qui brûle dans ma tête... Ta voix dans ma tête ta voix logée dans ma tête comme une balle de .38. Je me promène comme un zombi dans les rues de Sudbury. Sudbury. La ville où je me suis trouvé. Sudbury. La ville où je me suis perdu.
L'ennui. L'ennui. L'ennui. La nuit. La nuit noire comme un téléphone qui ne sonne pas.
Je bois jusqu'à la faim. Je bois jusqu'au sommeil.
Une canne de bines avant de me coucher et avant de m'endormir je gémis comme si tu m'avais touché.

Le désespoir du dimanche soir qui
nous amène à boire sans le vouloir.
Des visions de se faire sauter la cervelle.
Parce qu'on aime quelqu'un qui n'est pas là.
Parce qu'on a un besoin.
Parce qu'on n'a pas de témoins.
Parce qu'on se voit de moins en moins.

On vit dans la lumière lancinante
des jours beaux et longs.
On se lève de notre verre et on cherche
quelque chose de vrai et de bon.
On regarde l'heure.
Le feu dans le cœur et
le cri des sirènes dans la nuit.
Un bruit de pas sur
l'escalier de secours.
Le bruit d'un char qui part.
Soudainement on réalise qu'il
faut être fort.
Parce qu'on aime quelqu'un qui n'est pas là.

Les choses sont toujours là et
nous rappellent au silence.
On trébuche sur des souvenirs
qui nous appartiennent pas.
La chair est chaude.
La bière est froide.
Le soleil est chaud.
Le sommeil est loin.
On n'a pas de témoin.

L'humidité.
Les nuages collent aux fenêtres de l'appartement.

La population entière de Sudbury est à l'île Manitoulin.
Le centre-ville a l'air d'un désastre nucléaire.

Sur le toit du No Frills
des mouettes s'en racontent une bonne et
rient à tue-tête.

Je bois un Ballantine.
Chez toi.
Je mange un restant de pain à viande.
Chez toi.
J'écoute Grieg.
Chez toi.
Je suis
chez toi.
Tu prends ta douche et
tes vitamines.
Je t'entends brosser tes dents.
Ton appartement est petit mais
bien éclairé.
Des plantes partout.
Le soleil qui meurt sur le tapis.
Chez toi.
C'est bien
chez toi.
On dirait presque que
nous sommes pas à Sudbury.
Cette ville qui nous écrase.
Cette ville qui nous ramasse.
Nos corps prisonniers des vitrines de
la rue Durham.
Tu sors de la chambre de bain
propre et luisante comme un matin.
Je prends une gorgée de scotch et je
m'allume une autre cigarette comme si
je n'avais pas mal aux reins.
Je te souris comme si je n'avais pas
mal au cœur.
Tu m'embrasses en regardant ailleurs.
Tu t'endors et je regarde ton corps.
Je finis mon verre en pensant que ça serait si facile
de partir s'il ne faisait pas si froid dehors.

⟡

J'ai le rock and roll dans le corps
je danse en dedans
je danse dans mon sang
je suis doux et lent
je suis essoufflé et effervescent
je suis une créature en voie d'extinction.

J'ai un rigodon dans mon œil
je danse sur ma peur
je glisse sur les heures
je suis flou et sans couleur
j'ai une chambre vide dans mon cœur
je suis une créature en voie d'extinction.

J'ai du jazz dans les oreilles
je me commande un autre verre
je fais de l'air
je caresse la terre
je dors entre les jambes de ma mère
je suis une créature en voie d'extinction.

J'ai l'Afrique au fond de mes rêves
je suis un guerrier massaï dans une disco
je me vois refuser un verre d'eau
je vois des femmes luisantes comme des couteaux
j'ai froid et j'ai chaud
je suis une créature en voie d'extinction.

❖

L'automne s'en vient comme le dernier verre
dans une bouteille de vin.
Je suis chez tes amis et je prends une bière.
Je me sens bien jusqu'à ce qu'ils m'appellent
Pierre.
J'ai plus envie de rire.
Tsé c'que j'veux dire?
J'ai juste envie de boire.
J'ai envie de te croire mais soudainement
c'est la foire
c'est ta gloire
c'est la foire
c'est ta gloire et
tu me fais mal sans vraiment
le vouloir et
je te fais mal sans vraiment
le vouloir.

Tes amis ont une belle maison et n'ont
absolument rien à dire.
Tes amis ont peut-être raison mais il n'y a
vraiment rien ici que je désire.
Je t'aime mais tu es loin dans un coin et
ça sert à rien parce que
c'est la foire
c'est ta gloire
c'est la foire
c'est ta gloire et
tu me fais mal sans vraiment
le vouloir et
je te fais mal sans vraiment
le vouloir.

Le barbecue est bon mais le gazon est un peu trop
vert.
Sudbury s'étend autour de nous comme un désert et
le vent est sévère.
Je te regarde parmi tes amis, tu as l'air tellement
fière.
Tu as beaucoup d'ambition mais tu es vraiment très
ordinaire.

Le coucher de soleil dans tes cheveux.
Tout le monde parle en même temps et le stéréo est
en feu.
Je t'aime et je veux te toucher mais
tu commences à loucher et
c'est la foire
c'est ta gloire
c'est la foire
c'est ta gloire et
tu me fais mal sans vraiment
le vouloir et
je te fais mal sans vraiment
le vouloir et
on s'aime sans vraiment le
pouvoir et
on s'aime sans vraiment le
vouloir.

Dans la Coulson un lundi soir.
C'est presque vide.
L'orchestre est pas pire.
Dans un coin, un vieux est assis, seul,
avec sa boîte à lunch fidèle à ses pieds.
«I'm from de old cuntree…» il crie
entre les chansons.
«I'm from de Europe…»?
«I luff you», il crie à personne en
particulier.
Sa folie paraît furieuse, mais elle ne dépasse pas
les bornes de sa table.
Sa voix rentre et sort de la musique et il
devrait rentrer chez lui mais chez lui c'est
plus loin qu'ici et il est tellement fatigué,
il a tellement marché, il a tellement travaillé;
et il nous le dit, il nous le raconte à haute voix
dans Coulson comme dans son salon comme si nous
étions
sa famille comme si nous étions
son pays.
Dans Coulson un lundi soir.
C'est presque vide.
L'orchestre est pas pire.
À ne pas manquer.

Le vent de Sudbury ronronne dans ton frigidaire
tandis
qu'on se donne un bec au-dessus du sink.
Il est tard et ton enfant dort comme un lac doux
et chaud.
On pourrait faire l'amour mais on est trop fatigués.
On se couche, tout simplement, et tu t'endors plus
vite que moi. Je finis par passer la plupart de la
nuit à te regarder dormir, observant le va-et-vient
du rêve sous tes paupières. Le va-et-vient de tes
rêves de femme de Sudbury.

Ta force de femme te nourrit d'un besoin de vérité
et de tendresse.
Ta force de femme coupe comme une lame chauffée à
blanc
coupe à travers la barbe de trois jours des roches
de Sudbury.
Ta force de femme fait frémir le lac Ramsey comme
un miroir sans fond.
Ta force de femme fait baisser le regard aux gars
sur le coin de la rue et ils regardent leurs bottes,
ils regardent leurs bottes comme des cow-boys gênés.
Tu n'es pas une touffe
tu n'es pas une plotte
tu n'es pas une chatte
tu n'es pas une catin
tu n'es pas une guidoune
tu n'es pas une p'tite mère
tu n'es pas une machine à faire des bébés
tu n'es pas un trou dans lequel on se perd

tu n'es pas une chose
tu n'es pas une rose qu'on déflore
tu n'es pas une pose sur une couverture de magazine
ta force de femme te rend vraie
ta force de femme fait que tu sais qui tu es et
ta force de femme te le fait dire
ta force de femme te fait rire et sourire et rire
et sourire et rire et vivre et fait tout vivre et
je te regarde dormir.
Je suis tellement plein de toi.
Je sais que ta force de femme
fera un homme de moi et que
là seulement là
la guérison sera complète.
Ta force de femme me rendra si vrai si vrai si vrai
que je n'aurai plus besoin d'y penser.
Ta force de femme fera
un ami de moi
un enfant de moi.
Je n'aurai plus besoin de me prendre
pour un char.
Ta force de femme et
la guérison sera complète et
je serai plein de moi et
ta force de femme
ta force de femme
ta force de femme fera
un homme de moi et
la guérison sera
complète.

⁜

Je me regarde comme quelqu'un d'autre
dans le miroir.
La ville de Sudbury est dans la fenêtre et
je me prépare à boire.
Je vois les femmes qui magasinent dans le A & P et
elles ressemblent toutes à ma mère.
Dans toutes les maisons des hommes et des femmes
regardent les nouvelles tandis que le souper cuit.
Dehors, les chars passent avec risque de pluie.

À la radio, l'annonceur essaie de nous faire rire
tandis que les murs transpirent de délire.
Les journées sont longues comme un blues et j'en ai
tellement à dire que je n'ai pas assez d'une langue.
Je m'allume une cigarette et je pense à sortir.
Je prends une gorgée de rye et je pense à mourir.
Quelqu'un me demande: «C'est quoi ta situation
financière?»
Je souris et les chars passent avec risque de guerre.

✢

Je me réveille en pensant à toi.

Tout ce qu'on a fait ensemble, tout ce qu'on s'est dit

me passe dans la tête détail par détail comme un documentaire.

Et je pense: je pourrais écrire un poème qui commence avec: il y a des femmes à Sudbury qui te font haïr les chansons d'amour.

Et je pense à moi dans ta chambre avec mon silence et ton besoin de faire mal à quelqu'un.

Tu me coupes les jambes et après tu me dis de marcher.

Tout à coup je me sens très vieux, très fatigué.

Je m'endors et je me réveille à Coulson.

Tout commence et finit ici.

Tout commence et finit ici.

L'amour c'est pas pour les peureux.

Je me réveille, dans mon lit, à Coulson.

Un orchestre joue un blues triste et cochon et je pense à toi.

Je pense à la fois que tu m'avais dit que j'étais l'amour de ta vie.

La chanson est finie et le silence s'installe dans moi et mes amis comme un cri.

Je les regarde et je souris et je t'attends, ici, à Coulson.

Dans l'après-midi cardiaque

1985

À la mémoire de Richard Brautigan,
Sœur Sourire et Paillasse.

La grande misère linguistique des amoureux d'aujourd'hui : incapables de dire, d'écrire et de décrire, ils prennent une photo…

GÉRALD ANTOINE, professeur à Paris III et président du Centre d'information et de documentation jeunesse, dans *L'Express*, 27 septembre 1980.

CASSE-TÊTE

Toi à Paris
    moi à Sudbury

Je t'imagine à Paris
belle et terriblement
canadienne et
énervée
    avec
au fond de tes yeux glacés
l'Atlantique électrique
et le ciel bleu de la France
dans tes cheveux

Ici
le vent coupe comme une
scie circulaire et
c'est décembre et presque
Noël et
c'est pas un cadeau

Je t'imagine à Paris
belle et terriblement
cassante et
enivrée par
tout ce que tu touches par
tout ce qui te touche
    avec
au creux de ton sourire
    derrière
tes lèvres blessées d'amour
un petit cri de joie
qui ne veut pas sortir
qui ne veut pas mourir

Ici
je marche sous le soleil froid
et je t'imagine dans la chambre
à coucher de ma mémoire
Tu te peignes dans le miroir
tu te dépeins dans le miroir
Tu me parles en français
je te réponds en anglais
et je me demande soudainement
dans quel pays je suis rendu

Ici
je te nomme dans la nuit
je te vois dans les yeux
je te vois dans le corps
des autres
Ici
je t'imagine avec le vent de la France
sous ta robe
Ici
l'espoir a des oreilles de chien et
les oreilles se dressent au son
de ton nom

Toi à Paris
     moi à Sudbury

Je te vois marchant les rues de
la ville lumière
avec ton teint de trop d'hivers
avec ton air de princesse en laisse
avec
au sud de ta bouche
des régions de guerre et
de paix

Je te vois dans un café
avec tes genoux de garde-malade
sous une table à chemise carreautée
et en sortant
tes fesses serrées dans tes jeans
de chez Liberty
détruisent des siècles de tradition
poétique française

et moi je suis ici
bandit brûlé de l'amour :
cet amour qui court dans moi
comme un feu de forêt :
cet amour qui me court
comme un char de police
le long d'une route de la
noirceur d'un tableau d'école
après quatre heures :
cet amour qui fait un trou
dans mon âme comme Inco
fait un trou dans la terre :
cet amour dur et doux
en même temps
comme une chanson de Woody Guthrie

et
tu dors dans ton lit à Paris
et
je dors dans mon lit à Sudbury
et
nous sommes ensemble
nous sommes un dans l'autre
comme
un
casse-tête

Poème qu'Angèle a trouvé drôle

(pour plus de détails sur Angèle,
voir *L'espace qui reste*, p. 101)

Les amoureux sur l'écran n'ont jamais
de boutons dans le dos.
Ils sont beaux et unidimensionnels.
Ils ne cherchent jamais leurs mots sous
l'oreiller.

DANS L'APRÈS-MIDI CARDIAQUE

Dans l'après-midi cardiaque
un homme perd son souffle
sur le plancher d'un
grand magasin.
Un policier est agenouillé
près de lui, essayant de
capturer sa respiration
glissante et de la remettre
à sa place.

L'homme est en train de se
désouffler lentement, comme
une balloune qu'on a oubliée
du party de Noël de l'année passée,
sa vie se déversant de sa bouche
pour se mêler aux néons collants
de la ville, aux
visages couverts du saran wrap
translucide de la peur,
visages suants et prisonniers
derrière le maquillage.

Et l'air autour de lui
se vide comme il
se remplit
ne laissant que le silence
et l'éclairage
blême comme
quelqu'un qui vient de voir
un revenant.

Et le policier se lève finalement
ses genoux craquant avec un bruit
de pistolets dans un film
sans budget.

L'homme est mort
on dirait qu'il dort
on lui ferme les yeux et
dans l'après-midi cardiaque
la vie continue
avec toute la joie et la tristesse
d'une striptease qui fume une cigarette
entre deux shows.

TALKING PEGGY'S LUNCH BLUES

Peggy's Lunch
Peggy's Lunch et la neige est de la
même couleur que mon café.
Dehors, les Lada se reproduisent
comme des lapins.
Je ne reconnais plus mes amis.

Coles' Book Store
Dans le Coles je fouille je feuillette
les livres en solde.
Je trouve un livre sur le sexe tantrique
avec dessins très détaillés.
Une des femmes a les seins et les fesses
exactement comme une femme
que j'ai connue.
J'échappe le livre comme s'il était
soudainement devenu très chaud.
Je m'échappe du magasin en hurlant
dans mon cœur comme un chien
frappé par un char.

Plus tard dans la même ville
Derrière moi
un jeune homme à vieille voix :
« you couldn't spare 50 cents could ya ? »
La neige tombe facile sur la ville
docile.
L'éclairage se fait enfargeant.
J'attends la lumière verte.
Elle refuse de changer.
« you couldn't spare 50 cents could ya ? »
Sa voix explose contre les vitrines
pleines de modes et de bebelles inutiles.

Sa voix disparaît dans l'air crispé
de la rue Elm.
J'attends la lumière verte.
De folles gazelles gambadent à travers et
parmi les voitures.
La lumière devient verte.
Je saute par-dessus la slush et les
vieillards qui s'y sont accumulés.

Bilan
Peggy's Lunch et il fait froid.
Danse zombie du temps des fêtes.
Bagages saignants du voyage éternel.
La terre est ronde.
Le monde est plate.
C'est pas l'inspiration qui manque.

DEVINETTE

J'ai 15 ans.
Je me suis sauvé(e) de chez
mes parents.

Le ciel est bleu.
Je me cherche sur
la pointe des pieds.

La porte qui se ferme
derrière moi
comme un testament.

Ma mère qui pleure.
Mon père qui crie.
La télévision qui leur
donne des conseils.

Le ciel est bleu.
Des nuages dorment sur
l'horizon.
C'est l'été.

J'ai 15 ans.
Je me suis sauvé(e) de chez
mes parents.

Qui suis-je?

HUW 102 (Ontario)

HUW 102 (Ontario)
vient d'essayer
de me tuer.

Un vieux gris
chapeau de cow-boy
dans une station wagon
grosse et lâche
comme un paquebot.

On a dansé ensemble
un moment:
j'ai vu le blanc de ses phares
j'ai vu le soleil dans ses pores et
au ralenti
comme à l'Univers des Sports
je me suis rendu à la
sécurité du trottoir.

Pendant un grand bout de temps
je suis resté planté là comme
un parcomètre.
Dans mes yeux il y avait
une notice de violation.
Mon cœur se débattait comme
une petite bête laissée pour morte
sur le bord du chemin.

J'étais soudainement très heureux
de vivre.
Je tenais à la vie comme Keith Richard
à sa bouteille de Jack Daniels.
Je voulais payer un verre à toute la terre
et après, coucher avec.
Je voulais lui faire des tas d'enfants
qui écriraient des vers sur la nature
et feraient d'autres tas d'enfants
qui domestiqueraient la voiture et
inventeraient le cheval.

Ceci n'a pas duré longtemps.
Une fois l'euphorie passée
je me suis sauvé dans la nuit du jour
je me suis faufilé entre les sapins humains
je me suis sauvé en maugréant
en mastiquant la gomme de mes mots
comme la petite bête que nous sommes tous.

RIGODON SUR UN AIR DE BO DIDDLEY

La belle princesse
installée sur le trône
attend son prince
en feuilletant une revue de
mode.

Le prince arrive
il rentre par la fenêtre
sur son Pégase à gaz.
Princesse échappe sa revue
et se jette dans ses bras.

Le prince droppe aussitôt
ses culottes et
avec son épée épaisse
met la princesse qui
met la table.
Elle gonfle comme une
montgolfière
monte au plafond et
éclate
pleuvant des petits bébés roses
partout sur le plancher.

Le prince est très fier
et finit sa bière
regardant avec un sourire cigare
sa femme la princesse
qui balaie les bébés
en chantant doucement
dans sa robe fleurie
au coton.

CORNWALL

1. La chambre 24 de l'hôtel Royal à Cornwall

Juste un miroir.

Mon nom est dans
le journal de
Cornwall.
Mon corps est dans
la chambre 24 de
l'hôtel Royal.
Pour me le prouver
je lève mon regard
de ce poème et je
le vois dans le
miroir.

2. Une autre facette du poète à Cornwall

Un poète licencié sous
la LCBO lit à
Cornwall le 23 mars
1980,
dimanche des paumés.

Le poète est tellement
cassé
qu'il arrive au
récital en
morceaux.

3. La game de hockey sur le parking derrière
l'hôtel Royal à Cornwall

C'est une vraie
game.
Des Gretzky et des
Lafleur et des Pal-
mateer en jeans
et en runnings se
battent pour la
rondelle, se
battent pour un
but dans la vie,
le soleil leur seul
arbitre.

4. La poésie à Cornwall

Il est maintenant
3 h 38 et
j'ai écrit trois
poèmes sur
Cornwall.
C'est-à-dire un
poème à toutes les
quinze minutes
depuis
2 h 46.

Pas pire.

5. Dimanche à Cornwall

C'est dimanche à
Cornwall.
La messe est finie.
Il fait beau et
chaud.
Le monde se promène
à pied ou en
voiture.
Le monde en voiture
fait crier ses
pneus.
Le monde à pied
les regarde faire.

6. Last call Cornwall

Dans la taverne de
l'hôtel Royal
on se perd et on se
retrouve et on se
perd comme des
clés de char.

Les jeunes cherchent
leurs mères dans
les machines à boules
et les vieux cherchent
la mer dans leurs
verres.

Tout le monde se cherche
de l'ouvrage.

7. Cornwall tout seul

Il y a
tout à dire
et
rien à faire.

SANDY

Je cherchais les secrets de l'univers
dans mon microscope.
Elle me montrait les secrets de sa chair
dans le garage d'en arrière.

On grimpait dans l'arbre
du bien et du mal.
Le feuillage se serrait sensuellement
contre nous.
Elle me montrait ses seins.
Ils étaient fermes et ronds comme
des oranges Sunkist.

Ô Sandy
mon premier péché mortel
ma première viande du vendredi
je pense à toi dans mes prières du matin.
Tu me fais penser aux femmes dans
les poèmes de Leonard Cohen.

Je cherchais Dieu sous l'œil aiguisé
de mon microscope.
J'ai trouvé mieux.

Timmins

Quand j'étais à Timmins
il y a très longtemps
le train partait toujours
sans moi
prenait mes bagages
et me laissait seul
debout sous le ciel gris
comme un feu avec
une jambe de bois.

Je revois les rues de Timmins
souples et serrées
sous la pluie.
Et la pluie est pleine
de mitaines perdues
la pluie est pleine
de foulards morts
de parapluies dépaysés
de souvenirs broyés
de photos qui rient jaune.

Je revois la rivière Mattagami
noire et profonde et
tranquille et troublée
sous des nuages en
laine d'acier rouillée.
La rivière Mattagami qui
se glisse avec un
silence indien sous
l'été des Blancs.

Quand j'étais à Timmins
il y a très longtemps
je vivais dans moi
comme dans une mine
comme dans la
mémoire noire
d'une mine
remplie d'émigrants
enterrés vivants.

Je revois ma mère
fière comme un conifère
et catholique comme
un chemin de campagne
une vraie sainte
avec une prière sous
chaque assiette et
un pâté chinois qui
fume comme une pagode
où il faut enlever
ses souliers avant
d'entrer.

Je revois la lumière sale
qui se renverse dans notre cuisine
et le décor solarisé
par la solitude
et le soleil comme
un OVNI au-dessus de la maison
et le béret blanc du ciel
canté sur
la tête de la terre
et à travers tout ceci
un sourire

qui me grimpe la jambe
la-bébite-a-monte
la-bébite-a-monte
jusqu'à mon sexe
emmitouflé.

Quand j'étais à Timmins
il y a trop longtemps
je rêvais de devenir
mécanicien de l'univers
de me mêler de mes affaires
comme le gars au garage
qui veut rien savoir
mais sait tout.

Tout ça pour m'apercevoir
beaucoup plus tard
aujourd'hui
ce soir
que j'en perds des bouts
un peu comme un joueur de hockey
perd sa rondelle
(tout ce que je sais c'est
qu'elle est encore sur
la glace)
et tout s'efface et
tout ce que je sais c'est
qu'il y a encore des poèmes et
un garage quelque part qui
m'attendent
un garage ouvert 24 heures
entre Timmins et
maintenant.

Nicole

Elle m'a laissé planté
dans la cour de l'école Saint-Antoine
comme un arbre frappé par la foudre.

Je l'ai attendue toute l'après-midi
avec l'argent pour le film qui se
déteignait sur mes mains moites.

Elle m'a laissé sur le bord du chemin
sous le soleil de Timmins comme
une vieille batterie de char.

LE POSTER DE PATSY GALLANT

Premier essai:
Le poster de Patsy Gallant
dans notre chambre de bain
me regarde prendre un bain.
Lorsque je m'étends dans
l'eau, ses yeux sont fixés
directement sur mon pénis
qui flotte qui dort
comme un poisson doré dans
son aquarium…

Deuxième essai:
…ses yeux rouges
sa robe rouge
sa jambe levée…
un bout de robe qui bat
dans un vent de studio…

Hôpital des cœurs brisés

Dans sa chambre d'hôpital
elle dort.
Les calmants lui tricotent
un rêve.
Elle s'abrille avec.
On voit sa respiration
son ventre qui
monte et descend
monte et descend
et elle dort et
elle est dans elle
comme dans un cocon
comme dans un poème.

Durant ce temps
son homme gagne son pain
et perd la tête.
Il conduit saoul et seul et
ce n'est pas sa voiture et
l'amour ne veut plus rien dire
sous la pluie de minuit et
le paysage le dépasse
comme la poésie et
ce n'est pas sa voiture
ce n'est pas sa vie
ce n'est pas lui qui
conduit de
plus en plus vite
chaque courbe un jeu
de roulette russe et
les pneus qui crient à
chaque fois
comme une femme —

Elle se réveille
en sursaut.
Elle est encore à moitié
endormie.
Les infirmières ont des
garde-fous dans les
yeux.
Il y a un soap
à la télévision.
En même temps que
l'enfant dans son ventre
donne un coup de pied
le téléphone sonne.

C'était juste un rêve niaiseuse
qu'elle se dit
en répondant.

SATORI À QUÉBEC

Ceci est définitivement
une histoire d'amour.
Le sang du verbe
tache la phrase et
Claude dit
dans un nuage au-dessus
de sa tête :
« parlez-moi pas de
folie ici, ils
vont tous nous
enfermer ! »

Il prend son saxophone
par les hanches et
valse avec
parmi les tables
de l'Ostradamus.
Les clients, bronzés par
l'éclairage dru et existentialiste,
sourient aussi cruellement
que possible et
regardent leurs mains
sur les tables.
C'est
Georgia on my mind
Québec on my mind
quelqu'un on my mind
quelque chose on my mind
joué par Claude Béland
son saxophone crache
et bave et hurle et

pleure et malgré tout
chante à travers ses larmes
comme une paysanne qui
donne naissance à
un pays.

Maurice observe tout ceci
avec le calme d'un
cow-boy.
Son alto est couché en
carabine sur ses
genoux.
Il attend son tour tandis
que Charlie Parker est
malade dans les
toilettes.
Simon le contrebassiste
a vendu son char
perdu sa maison sa femme
ses enfants
perdu sa job avec
la Symphonie de Québec
parce que Beethoven
lui parlait dans sa tête
comme une abeille
à la recherche de
fleurs.

Je suis dans le cri de Claude.
Je suis dans le calme de Maurice.
Je suis dans la tête de Simon.
Je me casse une bouteille de
champagne sur le front comme

sur la proue d'un bateau et
l'air applaudit.
Je glisse vers le voyage.
Je flotte avec un sourire
transatlantique.

Je me retrouve sur
la rue Saint-Jean
et il est aucune heure
et il fait tous les temps
et les vitrines sont
en feu
et la rue Saint-Jean
est une rivière de bière
et tout est en vie
tout bouge
tout est rouge
et
le soleil est à cheval
sur les
Laurentides bleues
et les montagnes
ont
une montée
de lait
et
le ciel
se nourrit.

BICYCLE VAGUE

Bicycle vague (1)

En me rasant
je me revois sur le
bicycle que
mon frère aîné
m'a donné
il y a longtemps de ça à
Timmins Ontario

c'est l'été
le soleil est
quelque part
derrière moi

je me coupe
en me rasant

Bicycle vague (2)

Sur mon bicycle le long
d'une rue de Timmins
un barbot me rentre
dans bouche.

Au collège Sacré-Cœur
un professeur essaie de me
faire avaler le barbot
sur ma feuille d'examen.

L'aéroport de Sudbury

Un peu passé
3 heures du matin

Je pense à la mort
elle pense à moi
dans sa chambre
d'hôtel

Je suis seul
comme un roi
je suis sur le côté
comme un pétrolier
blessé
Des oiseaux asphyxiés
collent à mon corps
sous un ciel
de viande hachée

Je suis seul
Je bois mon whisky

Je suis vide
comme l'aéroport
de Sudbury
à 6 heures du
matin

un peu passé
3 heures du
matin

PARTI POUR LA GLOIRE

Ils sont là encore avec leurs caméras
et leurs sourires et leurs contrats
roses et
ma bière.
Ils sont là
installés dans mon appartement avec
toute la délicatesse du mur de Berlin.
Ils disent qu'ils ne peuvent pas me payer
mais que ça sera bon pour ma carrière.
Je m'imagine tout à coup Jacques Boulanger
qui récite mes poèmes aux Beaux Dimanches.
On m'invite à Rencontres, on traduit mes
chansons
en anglais pour Ginette Reno, on m'offre
le Crachoir d'Or de la Littérature.
Je me réveille et ils sont encore là.
Je suis encore là.

Il y en a un qui me demande
ce que je sais de mes ancêtres.
D'après ce que je me rappelle de mon histoire
du Canada, je lui dis, c'était
une gang de saoulons qui ont défrisé la terre
et tué tous les Indiens.
Oui je suis fier.
Je suis fier que j'étais pas là.

Ils me trouvent drôle et me passent
une autre bière.
Y paraît que le poète est drôle quand
il a bu.
C'est eux les anthropologues de la
parole. Ils ont le tour de tourner
tout ce que tu dis en singerie.

Ils veulent filmer ma jungle, mon feuillage,
mesurer le panache de ma poésie.

Ils veulent photographier ma « douleur »
pour mieux la « comprendre ».
Ils veulent la documenter et la répandre
comme de la confiture sur leurs croissants.
Je sens soudainement un léger picotement
dans le califourchon,
l'esprit de mes ancêtres traverse
l'espace millénaire des siècles,
leurs voix sont pognées dans ma gorge,
je gronde comme l'Incroyable Hulk,
ma chemise est déchirée et
je me réveille sur le bord du chemin.
« Oooops », je bégaie comme Dollard des
Ormeaux,
« je commence à être paqueté... »

Tchin Tchin à mes ancêtres.
Il n'y a pas de langue pour
le désespoir ce soir.
Il n'y a pas de pays pour
l'espoir ce soir.
Il n'y a plus de pays dans mon verre
ce soir.
La chaleur confortable de l'indécision.
De l'incision.
Je me lève et, traînant tous mes ancêtres
avec moi en châle sur mes épaules,
je titube parmi les fils et les lumières
et les bières vides jusqu'aux toilettes.
Je pisse,
parti pour la gloire.

UNE PEINTURE PAS FINIE

Enveloppée de rires et
de larmes
elle s'étend sur le divan
comme une peinture
pas finie.

Feuilletant le recueil
de mes poèmes que
je lui ai donné
je tombe sur une page
où elle a noté
quelques numéros de
téléphone.

Je jette un coup d'œil
par la fenêtre.
Ses amants passés et
ses amants futurs
conduisent des chasse-neige
dans la nuit.

HEARST

1.
Il fait froid à Hearst.
La neige grimpe dans
les rideaux.
(arbres)
Un homme dans une maison
se vide un whisky.
Un skidoo tourne au ralenti
dans son cœur.

Une chanson triste passe
à la radio.
L'homme fait les cent pas
dans la cuisine
de sa maison.
À un moment donné
son poing part comme
un douze et
fait un trou dans
le mur.

2.
Plus tard sur la Main
un homme écarte la foule
comme un noyé
les vagues.

On le court avec un
extincteur.

Sa chemise de bûcheron
est ouverte et révèle
une poitrine en feu.

3.
À la gare centrale
il y avait des corneilles
de la grosseur d'un
avion de brousse et
de la noirceur d'une
soutane.

4.
Le long de la 11
entre Hearst et
Kapuskasing

une voiture sport
écrasée non
chiffonnée comme
le papier d'emballage
d'une barre de chocolat

un camion
en poignard
dans la forêt

toutou blanc
dans la
neige rouge.

5.
Mes yeux tachés
de sang sont
témoins de la
rigueur de
Hearst.

Je suis dans le wagon-bar
de l'ONR et
ça roule ça rock
ça se saoule
ça se frôle et
tout devient drôle et
triste en même
temps.

Exemple :
le cuisinier a l'air de
Claude Blanchard et
la nourriture
aussi.
Autre exemple :
le Grand Manitou
est un gars de
bicycle.
Ou encore :
des mains d'hommes
serrent des
cœurs de femmes
comme des
boules de bowling
le vendredi soir.

6.
Une tempête folklorique
fouette les flancs
du train.

À perte de vue
une barbe d'arbres
cache un
sourire sans dents.

Un mystère parmi
tant d'autres

Nous sommes au septième
numéro 710
au septième ciel
de cette ville affamée
d'amour

La lune est notre
lampe de chevet

Un cri de
l'appartement
d'en haut

Je baisse la radio
et
j'écoute

SAINTE COLÈRE

Je sors d'un parking avec
un char volé
je suis saoul et je ne sais plus
qui je suis ce qui m'empêche
de me sentir coupable
Je frappe plusieurs autres chars
en sortant
je me lance dans la circulation
tout croche
ricochant d'un coin de rue
à l'autre comme
sur une table de pool gigantesque
Je conduis avec une bouteille entre
les deux jambes comme l'amour
comme l'Amérique en Amour
à Sudbury Ontario Canada et
j'allume la radio et c'est
une grande vedette de la chanson
qui raconte en riant qu'elle a
déjà joué à Sudbury ou «quèque
chose comme ça»
et c'est là que mon char roule
c'est là que je capote comme
dans le temps qu'il se passait
«quèque chose» au Québec et
je pousse mon char comme je
pousse ce poème
je fais crier mon criard comme un
huard
et je pense Fuck la Poésie
je viens d'un pays où engagé veut dire

que tu t'es trouvé une job
J'ai les yeux cernés comme Nelligan
en écoutant Bob Dylan et
je suis rendu en ville
je ne me cherche pas une job
je cherche un liquor store
parce que je suis assez smatte
pour savoir que pain c'est « pain »
en anglais et que je roule vers une
vitrine contenant une vingtaine de
téléviseurs montrant
le tiers-monde en famine —
(et c'est une sainte colère qui
m'envahit
c'est une colère enceinte qui
sort de chez le docteur et embarque
dans son char
son char dans mon char et
elle pleure en conduisant sous le
soleil impitoyable du printemps
avec les essuie-glaces qui
marchent qui grincent contre le
pare-brise de ses yeux) —

et je me rappelle encore plus soudainement
que je ne sais pas conduire et
je lâche le volant en m'envolant
vers la vitrine
Je ferme les yeux et dans ma tête
je vois deux camions-remorques
le long d'une autoroute enneigée et
calme
qui se frappent avec
le bruit sourd et assourdissant de
Bugs Bunny frappant le fond
de la proverbiale piscine vide —

MAGGIE

Elle parle comme un disque
gondolé.
Elle se commande une Molson et
me raconte ses achats sans
s'occuper si elle me dérange ou
pas.
Je bois ma bière
je mange mon spaghetti
et je la regarde tomber
morceau
par
morceau
dans elle-même comme
un édifice en flammes.

Elle parle comme un disque
grafigné
(elle reste accrochée entre deux chansons)
Elle commande une autre Molson
et dans la mer Morte de ses yeux
il y a une marée qui rentre
qui sort qui rentre qui sort
qui ne peut pas se décider.

On a été voisins dans le temps
partageant l'escalier de secours
du 270 Elm ouest.
Elle donnait du lait à boire à ma
chatte dans
une tasse en tupperware verte
elle travaillait pour Land Reclamation
elle revenait chez elle couverte de
chaux et
bronzée et belle et blonde et
fatiguée.

Maintenant elle est devant moi et
elle griche comme une radio
qui n'est pas sur le poste en
me racontant ce qu'il reste
de sa vie —

elle part sans payer sa
bière
me laissant avec un
poème
pas fini —

HÔTEL CHELSEA AVRIL 1978

1.
La fille avec ses
petits seins qui
se balancent comme
des ballons météorologiques
dans l'atmosphère de
l'œil.

2.
Elle vient à moi
en rondelles de
couleurs.

3.
Tous ces miroirs dans
toutes ces chambres.

4.
Le soleil un trou de balle
dans la vitre du
ciel.

5.
Henry Miller
dans l'ascenseur.

« These elevators are slow,
aren't they? » il me dit.

Il est avec la fille
du numéro 1 de ce poème.

Il ne m'a pas
reconnu.

L'ÉCRITURE C'EST UNE DISCIPLINE

1.
Parfois je suis doué mais
la plupart du temps
je suis possédé.

Parfois je suis inspiré mais
la plupart du temps
je suis aspiré.

Je suis peut-être le poète du quotidien
mais il y a des jour où
je ne sais pas quoi faire de ma peau
(ou de celle des autres).

2.
Chaque poème est une cabane près d'un lac
et la cabane est toute petite du dehors
mais grande en dedans
et le lac est un sac de ciel et de
soleil et de pluie et
pourquoi pas?

Dans la poésie tout est possible
tout est important
tout est aventure
comme Christophe Colomb
qui fait gronder sa Ferrari
au feu rouge.

3.
Elle me demande pourquoi je n'écris jamais
de poèmes heureux.
Je perds soudainement le goût de la poésie.

4.

Je me rappelle la poétesse qui soupirait
mes poèmes par cœur dans mon cœur
tandis que je lui faisais l'amour
dans la position missionnaire.

5.

Parfois je suis un bon poète mais
la plupart du temps
je suis dans un bar.
Je vais finir comme Serge Gainsbourg
avec un cerveau en Gainsburger.
Mon cher Serge
mon zizi est nulle part
ma tête est dans *Liaison*.
Je suis sur le bien-être et
je rêve aux fesses d'anciennes blondes.
Je suis obligé d'emprunter le stylo du barman
pour écrire ce poème.

6.

Chaque poème est une caisse de bière
dans une cabane près d'un lac et
le lac est plein de poissons morts et
les vagues sont de petits moutons noirs.

La Ferrari de Christophe Colomb
a fait une crevaison.

Pourquoi pas?

7.
Mon ami le poète Robert Dickson me dit
L'Écriture C'est Une Discipline.
Je me vide un autre scotch et
je me concentre.
Il se vide un autre scotch et
me regarde.
La réalité nous regarde.
La réalité de nos regards.
Nos regards hagards.
Nos regards hangars.

8.
Des douzaines de poèmes collent à mon corps
comme des macarons de Radio-Canada.
Toutes sortes de choses me passent
par la tête
comme un sifflement de balles.
Toutes sortes de choses me passent par la tête
mais ce n'est pas de la poésie.
Je suis flagellé d'images.

9.
Les Blue Jays de Toronto me lapident
à coups de rapides
sous la pluie.
Je cours vers toi et quand j'arrive
tu n'es plus là.
Je ne sais plus où tu commences
et le poème finit.

10.
Ô que je suis beau quand
j'écris un poème mais
le barman n'est pas du même avis.
Il attend que je lui redonne son stylo
pour écrire ma facture.

Je demande un autre scotch.
Le verre de scotch n'est pas un poème.
Je le tiens dans ma main.
Il a la solidité et la résilience
de l'arbre qui a tué
Albert Camus.

L'inflation à Saint-Fidèle

Diane dit
que le pain rapetisse
à mesure que
les jours avancent.

Elle recule
de quelques pas
et disparaît.

Au-dessus de la maison
les nuages sont gras &
passent à
90 milles à l'heure.

LATE SHOW

Le siècle est presque fini.
-10 degrés Celsius dehors.
Les moutons du mois de mars
dansent dans la cour d'en
arrière à travers des restants
de machines à laver, de neige
sale, de
noirceur
palpable.

Une lune de fromage Kraft
plane au-dessus de la ville.

Le siècle se berce et roule
et roule et berce
comme un rouleau compresseur
patinant sur la glace printanière
d'un lac sans fond.

De l'autre bord de la planète
le soleil luit
comme une Timex Acutron
sur le poignet poilu du ciel.
La moitié du monde dort ou
se met
tandis que l'autre moitié
meurt de faim.

Une femme Sans Nom lance
méthodiquement
verre après verre
contre les murs de sa
cuisine anonyme.
Les enfants jouent à la guerre
dans les escaliers.
Dans la salle de bain
GI Joe flotte à plein ventre
sur l'eau mousseuse.
La nuit est ouverte sur
la dernière page du TV Hebdo.

Le siècle est presque terminé.
Le cycle devient un bicycle
bâti pour deux.

Pas loin d'où s'écrivent ces mots
un jeune homme et une jeune femme
sortent d'un club aux
petites heures du matin.
Ils sont beaux et lisses et
luisants comme les lézards
des Galápagos.
Le brouillard est parfait.
Un saxe en sourdine.
Ils prennent un taxi jusqu'à
la fin du monde.

Générique et
le bruit du film qui
débarque du rouleau.

Un A-B-C de l'amnésie

A.
Je m'ennuie de quelque chose
mais je ne me rappelle
plus de
quoi.

B.
Je suis debout dans le
milieu de la cuisine.
J'ai laissé une cigarette
allumée quelque part mais
je ne me rappelle plus
où.

C.

LE DERNIER POÈME D'AMOUR

1.
Je me rappelle des trains
je me rappelle des trains qui se promenaient
de droite à gauche à droite dans les grandes
fenêtres de ton grand appartement sous le
petit ciel de Sudbury.

Deux ans si c'est pas plus et je n'oublie
pas le goût de ton cou le goût de ta peau
ton dos beau comme une pleine lune dans
mon lit.
Le goût de te voir et le coût de l'amour
et nos chairs hypothéquées jusqu'au dernier
sang.

Je me rappelle des trains qui ont déraillé
dans tes yeux.
Le nettoyage a été long.

2.
Dans le restaurant on vieillit autour
d'un verre de vin.
Dehors le scénario est toujours le même:
une banque sur un coin une église sur l'autre.
L'amour nous évite comme quelqu'un qui
nous doit de l'argent.
Tu es en face de moi et
tu es en feu dans moi et
je te désire.
Ton manteau de fourrure ton sourire
ô animal de mes réveils soudains.

Ensoleillée mais froide
ta beauté s'étend comme des violons
sur la neige brûlée.
Tes yeux trempes
tes yeux trompent.

Le silence se couche entre nous.

3.
Cette photo de toi tu es quelque part
dans ce brouillard de couleur tu
pars dans ton char ton oldsmobile
mouillée et rouillée c'est évidemment
l'automne ou peut-être même
le printemps c'est une mauvaise photo
du bon vieux temps
un polaroid trop près de la mémoire.

Tu te peignes dans le rétroviseur
je te colle sur mes paupières pour
te voir quand je dors
et soudainement tu es dehors avec
le soleil dans les flaques d'eau et
les jeux du jeune et tu
es aussi belle en souvenir que dans
la vraie vie et

nous sommes les seuls survivants
de la guerre
et ceci est
le dernier poème d'amour
sur la terre.

PAILLASSE

1.
Paillasse est né Denis Frénette à Saint-Marc-des-
Carrières, comté de Portneuf, Québec.
Lorsque je suis arrivé, invité en vedette
américaine
par le bien-être social québécois, il était déjà
très Paillasse.
Il était déjà trop tard.

Sa mère était typiquement canadienne-française.
On ne la voyait jamais. Elle ne sortait que pour
aller à la messe ou pour accrocher et rentrer
le lavage.

Son père avait un restaurant.
Dans le restaurant il y avait des machines à
boules
et un juke-box sur lequel on passait des après-
midi
de trente sous à faire jouer «Hey Jude» et
«Suzie Q».
Son père ressemblait comme deux gouttes d'eau
à
Lino Ventura.
Quand il parlait c'était comme voir et entendre
Lino Ventura doublé par Yvon Deschamps.

2.

Paillasse jouait de la guitare avec son ami Jean
dans le village de Saint-Marc-des-Carrières.
La musique sortait des fenêtres comme l'odeur de
tartes au sucre fraîches du fourneau.

Une fois, Paillasse a fait une traduction de
«My Sweet Lord» de George Harrison.
Il l'a intitulée: «Mon Seigneur Sucré…»
Et à la fin de la chanson, où Harrison récite
les maints noms de Krishna, Paillasse récitait
les maints noms des familles de
Saint-Marc-des-Carrières:
«Hare Tremblay, Hare Saint-Onge, Hare Cloutier,
etc.»

Une fois encore, Paillasse a organisé un «jam»
dans cour d'en arrière de son père.
Le bruit s'est répandu comme la rage dans les
veines
du village.
Bientôt la cour était pleine.
Il y en avait qui avaient apporté de la bière.
Il y en avait qui étaient venus avec leurs blondes.
Tout le monde était assis par terre, sur le gazon
aux cheveux courts du père de Paillasse.
C'était le Woodstock de Saint-Marc-des-Carrières.

Paillasse était l'Elvis Presley de Saint-Marc-des-
Carrières.
Dans ce temps-là, le rêve du rock and roll
parcourait
les rues comme une maladie vénérienne.
Tout le monde l'avait attrapée mais avait trop
honte d'en parler.

3.
Paillasse sortait de l'ordinaire comme on sort
d'un bar après le dernier appel.
Paillasse passe le balai entre les machines à
boules dans le restaurant de son père.
Son père dort comme Lino Ventura à côté d'une
femme qu'il ne connaît pas.

4.

Paillasse. Monique Cloutier. Jean Saint-Onge.
Ces trois personnes se sont ramassées, ensemble,
en appartement, dans la belle ville de Québec.
Je dis toujours la belle ville de Québec parce
qu'elle a toujours porté l'hiver comme une robe
de mariée.
Je voyais la robe de mariée qui tombait de ses
épaules, révélant le printemps, l'été, l'automne…

Je me rappelle un pot de confitures aux
framboises
gros comme une canne de peinture, avec à peu
près
le même goût.
Je me rappelle une grosse brique de fromage
Velveeta stationnée comme un autobus en plein
milieu de la table de cuisine.
Avec à peu près le même goût.
Je me rappelle Jean qui vend sa douze cordes
pour
vingt piastres sur la rue Saint-Jean.
Je me rappelle Monique qui pleurait, seule et
femme, dans la mosquée de son corps.

Je me rappelle de rien.
Je me rappelle de tout.

Je me rappelle des mains de Paillasse.
Elles étaient des avions en délire, des avions à
la recherche d'une piste d'atterrissage.

5.
On était trop vrais pour être beaux.
On était trop beaux pour être vrais.

Jean et Monique et Paillasse son allés au
Maroc.
Jean et Monique se sont mariés.
Paillasse et moi on a fini par partager un
appartement
sur la rue des Zouaves, juste en face du
complexe G.

Paillasse devenait de plus en plus complexe.
Il devenait le complexe G, avec toutes ses
fenêtres,
avec tous ses étages, tous ses états et tous ses
fonctionnaires pris sur l'acide entre deux miroirs ;
il devenait comme tous les tiroirs pas ouverts du
complexe G.
Dans l'espace d'une semaine il s'est acheté une
guitare électrique et un amplificateur.
C'était son prêt étudiant.
Il a commencé à travailler le soir dans une brasserie
de la rue Saint-Jean.
Il vivait sur le speed et la bière.
Il faisait ses paiements à la compagnie de
finances.
Il continuait ses études.
Il était fatigué de la vie et la vie était fatiguée
de lui mais il continuait de vivre
juste par rancune.

6.

On se saoulait et s'ennuyait ensemble.

On se promenait avec une femme dans l'œil et une bière dans l'autre.

Il y avait pas assez d'amour dans le monde pour satisfaire nos besoins.

On vivait notre vie comme des personnages dans un roman de Kerouac, comme un roman écrit sur un rouleau de papier de toilette dans une gare centrale.

On était trop vrais pour être beaux.

On était trop beaux pour être vrais.

Le Woodstock de Saint-Marc-des-Carrières était passé.

Hendrix était mort.

Morrison était mort.

Janis était morte.

Elvis vivait encore, quelque part.

7.

À Los Angeles les poètes s'entretuaient et les
oiseaux toussaient.

Je voyais mes amis devenir vides et tristes
comme

des chantiers de construction sous la pluie.

Tout se défaisait.

Les fragiles bas de nylon de l'existence
développèrent

des échelles irréparables.

On est tous partis, chacun de notre bord,
shrapnels humains d'un époque explosive.

8.
La dernière fois que j'ai vu Paillasse, il était
straight comme une ligne blanche sur un
highway.
Je pense qu'il s'est endormi en fixant la ligne
blanche trop longtemps.

9.
Paillasse dans le Canadian Tire.
Il regarde les fusils rangés comme des soldats
derrière le comptoir.
«Combien pour celui-là?»
On lui dit un prix.
«Quel est le moins cher?»
On lui montre.
«Est-ce que c'est pour toi?» on lui demande.
«Non, c'est pour mon père,» il répond, «c'est
pour sa fête...»
«Pourquoi un fusil?...»
«Parce qu'il ressemble comme deux gouttes d'eau
à Lino Ventura», il répond en souriant.
Le sourire de Paillasse était un boulevard sur
lequel on pouvait se promener longtemps sans
jamais rencontrer la même personne.

10.

Paillasse est assis dans son appartement.

Il fume une cigarette.

Il ne la finit pas.

Il l'écrase dans le cendrier.

Tonnerre sec dans le ciel de la belle ville
de Québec.

Le zen inutile des joueurs de cuillères sur
les coins de rue.

Paillasse regarde le fusil qu'il berce sur
ses genoux.

Il sourit comme s'il venait de reconnaître
quelqu'un qu'il n'a pas vu depuis longtemps.

Il sourit parce que ses mains-avions viennent
enfin de se trouver une piste d'atterrissage.

Il sourit parce qu'il vient d'avoir le O.K. de
la tour de contrôle.

Il finit son verre de fort et le place ô si
doucement sur la table près de lui.

C'est l'Altamont de Saint-Marc-des-Carrières.

Le goût de l'acier comme un guidon de vélo
sous la pluie.

Un éclat de lumière comme un éclat de rire
au milieu de la nuit.

Noirceur.

11.

Noirceur.

On frappe à une porte.

Silence.

On frappe plus fort.

Les lumières s'allument et on voit un
appartement.

Jean se lève, met ses shorts et va répondre.

C'est deux grosses polices.

«Oui?» dit Jean.

«Connais-tu un Denis Frénette de telle adresse?»

«Oui…» dit Jean.

«Il est mort cette nuit. On voudrait te poser
quelques questions…» dit la même police.

Il y a toujours deux polices: une qui parle et
une qui dit rien.

«Christ!» dit Jean.

«C'est juste routine, tu sais… euh… nous autres
…euh…»

«Christ!» dit Jean, plus fort.

Derrière lui, on voit Monique qui s'habille.

«Qu'est-ce qu'y a?» elle demande.

«Christ!…» dit Jean…

12.

Les plusieurs morts de Paillasse s'agitent et
s'accumulent comme une algèbre anxieuse sur
l'ardoise de l'histoire.

La chambre, l'espace même où je suis est
soudainement brassé de gauche à droite comme
si quelqu'un avait bousculé le caméraman
dans ma tête.

J'entends Elvis qui chante «Love Me Tender»
dans la nuit noire et blanche du bon vieux
temps.

Il s'accompagne, tout simplement, d'un guitare
sèche.

Sa voix roule et roucoule entre les collines et
lui revient, comme un oiseau de chasse.

Il ressemble de plus en plus à Paillasse.

On

1.
On cherche la vérité
sous les assiettes
mais on ne trouve que
le pourboire.

2.
On cherche la sortie de
secours tandis que
la radio raconte des
calomnies.

3.
On est surpris d'avoir vécu
passé l'âge de
trente ans.

4.
On est comme des cadeaux
qui attendent que
l'arbre de Noël
pousse dans le salon.

Choix de jugements

Les pages se succèdent. Et chaque poème nous enfonce davantage dans un réel cru, étroit, d'une quotidienneté sans issue. Chaque mot fait le procès de cet univers clos qui a détruit tout espoir. Mais il n'y a rien à faire, dire seulement. Dire, pour échapper un moment à cette tiédeur âcre. Écrire ce réel, lucidement, écrire, pour s'immuniser.

Et Patrice Desbiens l'écrit avec force, cette réalité acide qui a tout rongé. Rythme sec. Qui rend tel quel. Le lyrisme a été tué. Aucun espoir. Chaque image brise, heurte et nous ramène dans cet insupportable quotidien qui n'offre et n'admet rien. Aucune valeur. Un monde d'hôtels «cheap». Dominion, Woolco, K-tel, machines à boules, bière. Ici tout est heurt. L'amour, un combat d'iguanes, d'alligators, animaux à cuirasses. D'autres cuirasses, des tortues, empêchent le sommeil, le repos. Toute lumière est aussitôt détruite. Toute élévation de l'âme est étouffée. On se passe le morceau d'amour sur les lèvres et sur le trou d'cul. Le satin est souillé. De la méditation, il ne reste que des cendres. Un certain humour, cynique, ravage la moindre des aspirations : l'astre devient désastre. On ricane et la nuit pleure. D'autres images incisives s'ajoutent à cette description amère.

Olivier Asselin, *Liaison*

Voilà à mon avis l'exemple parfait du recueil qui sort de l'ordinaire. Desbiens n'en est qu'à son deuxième livre et possède déjà toutes les qualités d'un bon poète : sens de l'image et des associations d'images, sens du rythme et du découpage du vers, style soutenu, chute ou « punch » final qui ne rate a peu près jamais. La lecture des soixante poèmes de *L'espace qui reste* m'a rarement laissé indifférent, j'ai au contraire été constamment surpris et même ravi par les images qui se suivent à un rythme époustouflant, laissant peu de place au stéréotype, au cliché, à l'ennui. Bien sûr il y a le ton intime, confidentiel du poète malheureux (en amour, dans sa vie, dans ses poèmes), il y a l'humour jaune, l'ironie voilée du laissé-pour-compte, seul dans sa chambre ou dans une taverne, qui attirent la sympathie du lecteur. Mais surtout il faut revenir aux poèmes : même ceux qui contiennent des images obscures ou trop recherchées, exagérées, même les textes qui semblent sur le point d'éclater réussissent à donner l'impression d'un beau désordre, contiennent au moins une image qui sauve le reste du poème. Il faut lire et relire « c'était 1974 et 1,68 $ », « l'indienne », « la chérie canadienne », « récital / harbourfront / 1976 », « hare Krishna coca cola » pour se convaincre qu'avec un peu plus de contrôle sur le contenu et la forme de ses textes, Patrice Desbiens deviendra un excellent poète.

Richard Giguère, *Lettres québécoises*

[...] les lieux fétiches du poète sont des endroits de passage, publics et anonymes à la fois, où se retrouvent des êtres sans attaches : le bar, le restaurant, la *tabagie*, la gare routière… «Treize heures d'autobus entre Hearst et Sudbury. / je traverse le pays adoptif de mes ancêtres. / […] / Un ciel bleu-gris comme le chemin qui se déroule / sous cet autobus. / Cet autobus qui me met hors de moi-même en m'amenant / plus près de moi-même. / Cet autobus qui me rapproche de mon peuple en le laissant derrière lui.»

Et, contrairement à la littérature nationaliste classique qui s'attache à la terre et s'enracine dans la description du sol natal, les personnages de Patrice Desbiens évoluent essentiellement dans un espace urbain qui ne propose comme culture que celle, anonyme et anthropophage, de la consommation. Car elle dévore le texte par son importance thématique et quantitative. Les références à la nourriture, aux échanges marchands, aux «temples» de la consommation que sont les centres commerciaux, à l'image de la vendeuse ou de la serveuse, abondent dans l'œuvre. Les lieux sont transformés en objets consommables, comme ce ciel orageux et lourd qui se mue sous nos yeux en une purée infecte: «les nuages sentent les / patates pilées instantanées / shiriff avec / une sauce brune aux / oignons».

Dans la jungle de la société de consommation, les objets se font prédateurs et les hommes deviennent leurs proies. Les objets attaquent et ingèrent l'individu, métaphore digestive de l'assimilation progressive qui menace les habitants de «l'espace qui reste». Dans les vers qui suivent, le poète fait clairement le rapport entre l'isolement dangereux des Franco-Ontariens abandonnés du Québec dans un univers qui n'est rien de plus qu'un immense centre commercial: «vive le Québec libre. / je suis la chérie / canadienne. / je suis le franco-ontarien / cherchant une sortie / d'urgence dans le / woolworth démoli / de ses rêves.»

Le monde décrit est rongé du dehors et l'individu est miné du dedans : l'alcool, la cigarette et la déprime torturent le narrateur qui reste attaché à ses vices, car il est attachée à la douleur qu'ils procurent. En effet, mieux que tout autre élément, c'est elle qui peut le définir : « L'alcool nous rend vrais comme la nuit. » La douleur représente le facteur commun de toute son expérience de marginal — l'exil de lui-même, la dépossession, l'instabilité de l'être, le rejet, etc. On a souvent qualifié Patrice Desbiens de poète nihiliste et reproché à son œuvre de n'offrir aucune solution. Il est vrai que la douleur nourrit sa poésie (« pain c'est "pain" / en anglais »), qu'elle est condition d'une écriture qui ne supporte pas le bonheur (« L'amour frappe à la fenêtre et la poésie prend / la porte »). La *solution* de Patrice Desbiens consiste à se définir « en creux », dans la figure absolue du marginal. C'est ce qui, à ses yeux, différencie le Franco-Ontarien, lui donne ses contours propres. Chez lui, la douloureuse instabilité identitaire devient un drapeau de ralliement, une forme d'identité que le poète explore de recueil en recueil.

Elizabeth Lasserre, *Nuit Blanche*

L'écrivain de *L'espace qui reste* se blottit dans une sorte de survie minimale. Il est très précisément « l'espace qui reste ». Et cet espace est en retrait, en retraite. Le narrateur du récit dans chacun de ces poèmes est souvent morcelé, défait, un peu comme le sont les phrases déchiquetées par la structure verticale des vers. Cette misère de l'écrivain va bien au delà de la dispersion. Elle désarticule le poème et le monde en des morceaux insignifiants. Les textes brefs et lapidaires que nous présente Desbiens pourraient constituer justement le revers graphique de ce démembrement originel.

[...] Desbiens muselle le langage en le confrontant à

son usage quotidien et en dénonçant sa trahison dans la consommation. Après tout, le lecteur ou la lectrice consomme le langage, et cet acte est à prendre littéralement.

Mutilation et consommation constituent ainsi les deux faces de l'échange des significations au sein de la culture. Le poète de la conscience minoritaire en est doublement conscient, car il se sait, comme représentant de la communauté, le produit de constants marchandages. D'une certaine manière, le groupe minoritaire n'est-il pas toujours «objectifié», mis en boîte et consommé?

François Paré, Les littératures de l'exiguïté

Sudbury

Sudbury est certainement ce que Patrice Desbiens a écrit de mieux. C'est excellent du début à la fin: à certains moments, c'est même brillant. Il a su tirer de son drame personnel quantité de réflexions utiles. C'est que sa poésie ne se dissocie jamais de la vie telle qu'il la mène, telle qu'il la connaît par son expérience ou celle de ses intimes. Chez lui, il y a refus conscient de faire de la littérature [...].

Sudbury met en scène un héros «beat», «punk» et tendre tout à la fois, un Chatterton nouvelle manière, romantique par les thèmes abordés (amour, solitude, importance des paradis artificiels, incompréhension du public, abandon des puissances de l'argent, certitude d'être le porte-parole du peuple qui, de son côté, le rejette), décadent par son attitude vis-à-vis la vie en général qui fait de lui un homme désabusé («Toute la poésie au monde ne brise pas la douleur»). [...]

Sudbury, né des brumes de la Coulson et de la fumée des grandes cheminées de la capitale du nickel, nous saisit à la gorge par ce goût de soufre qu'est l'inquiétude.

Pierre Paul Karch, L'Express

Patrice Desbiens, qui, à l'exemple de bien des auteurs contemporains, ancre son discours dans une situation sociopolitique déterminée, effectue une sorte de retrait plus ou moins objectif hors des situations décrites pour en offrir un témoignage lucide. Il parle de l'anonymat, de l'incommunicabilté, des rapports froids et artificiels auxquels les gens sont tenus. Il dénonce cette «mythologie urbaine» dont tout un courant poétique se porte actuellement garant. Il constate entre autres que l'amour et toute relation saine se sont vus détrônés, que les bars sont le lieu où les illusions se forment et se perdent aussi rapidement, que la fausseté et le désarroi règnent entre les sexes.

L'auteur pose donc une insatisfaction devant le présent et montre son acharnement à trouver un sens (ou du sens), une volonté d'agir, d'affirmer une présence active et de constater que quelque chose se passe enfin, qu'un mouvement s'engage contre l'inertie et l'indifférence. L'univers de consommation et d'illusion à bon marché a emprisonné et avili hommes et femmes. La société industrielle est en voie de déstructuration et entraîne dans son sillon toute la collectivité et fait partout régner la confusion. Faux espoirs et utopies s'écroulent progressivement mais, en même temps, un sentiment de révolte voit le jour, issu d'une conscience éclairée. Ce sentiment de révolte, exalté et chancelant, sera toutefois miné de l'intérieur. Un être sans pays, sans amour, sans véritable appartenance, ne peut se prendre en main totalement ni changer le cours des choses. Lui restent les mots, la poésie qui, dans un enfer mécanisé et accéléré, vient soustraire (ou sublimer) à l'homme ses comportements agressifs, pleins d'une agitation et d'un trouble annihilant tout effort d'accéder à de meilleures conditions de vie. [...]

Sudbury [...] emprunte les accents syncopés de la

musique rock. La détresse moderne a-t-elle d'autres moyens pour se manifester ? À la cruauté, à l'inhumanité des émotions et des situations ne peut correspondre que la crudité de l'expression. Alors que les paysages urbains comme les espaces privés s'assombrissent, Patrice Desbiens pose une lumière crue, parfois brutale, sur les faits et gestes peu reluisants de nos vies intimes ou collectives. Mais il y a toujours chez lui une part d'affliction, d'amertume, de tendresse, un ton réservé et d'une grande justesse qui ne peut que solliciter notre attention.

Stéphane Lépine, *Nos livres*

Le ton et la manière bukowskiennes sont omniprésents dans le dernier recueil du poète franco-ontarien, Patrice Desbiens. La même gouaille, le même éloge du fait divers que magnifient la truculence, la rage et le cynisme : les mêmes éléments qui composent leur cirque réel : l'alcool, une quête souveraine et salvatrice d'amour, une certaine détresse urbaine, un réalisme sans fard que guette le désespoir, une vulnérabilité prenante qui ne confine pas au misérabilisme à rabais : enfin une façon identique de tordre le cou à la poésie et de faire des pieds de nez à la littérature en collectionnant les images crues, naïves et qui, intentionnellement, logent parfois du côté des clichés et autres poncifs. Et tout cela agit, provoque, remue, bouleverse.

Robert Yergeau, *Lettres québécoises*

DANS L'APRÈS-MIDI CARDIAQUE

Patrice Desbiens n'est pas un écrivain au lyrisme déchaîné. Ça c'est vrai ! Ce qu'il écrit est toujours taillé au couteau. Il serre l'émotion, les personnages, au plus près. En petites phrases qui lacèrent, qui contiennent les débordements. Et quand la douleur est trop forte, il fait grincer les mots. Son ironie est de celles qui protègent parfois du désespoir. Ses textes sont rarement vraiment cyniques, parce qu'il a trop de tendresse pour être complètement détaché, trop d'acharnement à vivre pour se moquer de ceux qui se débattent.

Parfois sa poésie fait tellement mal que lorsqu'il la lit en public, la salle rit.

Brigitte Haentjens, *Liaison*

Nous sommes face à un poète de la densité, dont le sourire et l'ironie ne masquent jamais la tragédie : « Je me lève et, traînant tous mes ancêtres / avec moi sur mes épaules, / je titube parmi les fils et les lumières / et les bières jusqu'aux toilettes. » L'auteur nous raconte toujours une histoire, le ton est toujours le même, mais loin d'être lassant, il crée un mouvement obsessif qui nous traverse. C'est un poète concret qui recourt à son environnement immédiat pour fulgurer le réel. Et c'est là un aspect étonnant de cette poésie sans prétention : elle nous bouleverse au moment où on ne s'y attend pas.

Desbiens représente pour moi l'accomplissement d'un possible en poésie. Ce poète qui nous vient en droite ligne de Villon, de Kerouac et de quelques autres, dépouille la réalité et s'offre lui-même à l'œil du lecteur. Il nous décape de nos illusions tranquilles. La sensibilité de Desbiens est bien américaine. Il est un de ceux qui saisissent le mieux l'Amérique, dans son spectacle destiné à masquer son vide. Ce livre contient le meilleur de Desbiens : « Le poète est tellement / cassé / qu'il arrive au / récital en / morceaux. »

Paul Bélanger, *Littérature québécoise*

Observateur implacable de la vie qui l'entoure, il décrit ce qu'il connaît : la laideur d'une taverne, la solitude d'une chambre d'hôtel, l'amour absent, les villes de l'Ontario du Nord. Son but est le même que celui des autres : mettre à nu l'intérieur de l'âme. Mais alors que ceux-ci préconisent un regard introspectif dès le début, il y parvient de l'extérieur, de la réalité de tous les jours. Son pessimisme et son cynisme sont heureusement obviés par une pointe d'ironie, par un peu d'humour qui enlève la patine d'amertume qui menace à tous instants de saborder toute l'entreprise.

Mark Benson, *Books in review*

[...] ce sont les poèmes strictement autobiographiques qui frappent par leur richesse. Et Timmins, où Desbiens à passé du temps dans sa jeunesse, devient l'espace de remarquables textes. Ici, le narrateur rêvait autrefois d'être le « mécanicien de l'univers » : tout, autour de lui, évoque la familiarité de la maison maternelle : le pâté chinois sur la table, le béret blanc du ciel, les nuages en laine d'acier rouillée, les mitaines perdues. Timmins n'est pas un espace de réjouissances, mais on sent que chez Desbiens, ces paysages sont restés les plus riches sources de symboles et d'inspirations : « tout ce que je sais c'est / qu'il y a encore des poèmes et / un garage quelque part qui / m'attendent / un garage ouvert 24 heures / entre Timmins et / maintenant ».

Dans tous ces textes, on retrouve les mêmes partis pris pour les choses les plus ordinaires de notre monde. Desbiens excelle à exprimer le choc entre nos peurs les plus élevées et les objets les plus commerciaux et les plus dérisoires. L'humain est devenu une chose, il fonctionne comme une chose, il se vend et s'achète, il cesse de fonctionner quand sa garantie est expirée. Et au fond, l'homme, le mâle, a beau être désespérément seul, celle qu'il trouve sur son passage a toutes les caractéristiques d'une machine bien luisante. Avec le temps,

certaines comparaisons deviennent particulièrement pré-
visibles, mais d'autres restent absolument lancinantes et
impitoyables.

François Paré, *Le Droit*

Dès le titre, le lecteur s'attend à l'attaque et avec raison.
Desbien est incisif, mordant, violent. Mais c'est la vie
qu'il attaque, qu'il dénonce avec dérision. Son regard sur
le réel a quelque chose d'effrayant, surtout parce qu'il
n'est pas déformé : Desbiens braque ses mots directement
sur la vie « dans l'après-midi cardiaque ». On retrouve
dans ce recueil des thèmes chers au poète, l'amour, la
solitude, la mort, qu'il aborde comme à son habitude
avec beaucoup d'ironie. Mais jamais cette ironie ne
prend des airs de mère supérieure. Elle ne constitue pas
ici un moyen d'assurer ses distances : elle se veut une
arme dont on se sert en dernier recours, l'arme propre
aux gens (lecteurs et poète) attaqués au cœur par la vie.

J.D., *L'Apropos*

Desbiens écrit comme on cherche des preuves de sa
propre existence et du monde qui nous entoure, où « il
y a / tout à dire / et / rien à faire ». Son réalisme cru, et
pourtant très littéraire, n'est pas sans rappeler certains
textes de Renaud ou Major à l'époque de *Parti pris*, avec
son côté ti-pop, ses fautes de goût, son engagement de
paumé. « Dehors les Lada se reproduisent / comme des
lapins. / Je ne reconnais plus mes amis. » : à ses meilleurs moments, Desbiens écrit la tragicomédie, à la fois
moderne et aussi ancienne que le monde, de la solitude
amnésique cherchant à se distraire à même la nullité
ambiante.

Desbiens, sans doute, est constamment menacé par
la facilité et l'image (parfois confortable) du poète-beat.

Il se maintient sur la frontière, car il est tout autant capable d'une modestie qui lui permet de saisir l'inexistence à l'état pur, et de faire du voyage entre Cornwall et Timmins une question de lucidité et de survivance.

Pierre Nepveu, Spirale

Biobibliographie

1948	• Naissance le 18 mars, à Timmins, de Joseph Patrice François Gérard Desbiens, quatrième et dernier enfant d'Alfred Desbiens, commis voyageur, et de Fleur-Ange Scanlan, mère au foyer. Il est baptisé le 14 avril 1948.
1952	• Décès de son père.
1955-1967	• Il fait des études primaires aux écoles Saint-Alphonse et Saint-Antoine de Timmins, puis des études secondaires au Collège du Sacré-Cœur et au Timmins High Vocational School. Il ne termine pas son secondaire. • Un jour, à la bibliothèque, il se trompe de rayon et tombe sur des livres de poésie. Il confie aujourd'hui que la rencontre déterminante de sa vie a été la poésie.
1965	• Décès de sa mère. Il va vivre chez sa sœur Colette, qui demeure à Timmins.
1967-1968	• Il quitte sa ville natale et se rend à Toronto, où il habite chez des amis.
1969-1970	• Il est journaliste au *Ryerson Polytechnical Institute Newspaper :* il s'occupe de la page de poésie. • En 1970, il se dirige vers Montréal avec des amis québécois. Il s'installe à Saint-Marc-des-Carrières, dans le comté de Portneuf, au Québec.
1972	• Un professeur de littérature de l'école secondaire de Saint-Marc-des-Carrières l'aide à publier, à compte d'auteur et par processus de miméographie, son premier recueil de poèmes et chansons, *Cimetières de l'œil*.

1973	• Il publie, à compte d'auteur, un deuxième recueil intitulé *Larmes de rasoir*.
1973-1976	• Il déménage à Québec et travaille comme vendeur dans un magasin de disques à Sainte-Foy. • Il accompagne des formations de jazz et apprend les percussions africaines et brésiliennes.
1974	• Il publie *Ici*, aux éditions À Mitaine. Le recueil reçoit des critiques positives dans *La Presse* et *Le Devoir* de Montréal et dans *Le Soleil* de Québec.
1976	• Au printemps, il déménage à Welland, où il écrit des textes et des chansons pour une création collective sur l'histoire de la région du Niagara. • Au cours de l'été, il déménage à Toronto et devient batteur pour le groupe The Government, qu'il accompagne en tournée à New York. Son travail de musicien l'accapare sept jours sur sept, douze heures par jour, mais il continue d'écrire de la poésie. • Musicien autodidacte, Patrice Desbiens a accompagné Robert Paquette, Dario Dominguez, Kim Deschamps et Daisy DeBolt en concert : Robert Dickson, Michel Vallières, Jean Marc Dalpé et d'autres à l'occasion de récitals de poésie.
1977	• Publication des *Conséquences de la vie*, son premier recueil aux Éditions Prise de parole de Sudbury.
1978	• Il est rédacteur à *L'Express* de Toronto.
1979	• Il décide de revenir dans le Nord de l'Ontario pour se rapprocher de la francophonie : il déménage à Sudbury. • Parution de *L'espace qui reste* aux Éditions Prise de parole. • Il publie poèmes et articles dans diverses revues et prépare son prochain recueil. • Tout au long de sa carrière, Patrice Desbiens contribue à divers journaux et revues. Il a publié dans *Toronto Express*, *Hamilton Express*, *La Souche* (Sudbury), *Réaction* (Sudbury), *Anus* (Hearst), *Ward 7 News* (Toronto), *Alive Press* (Guelph), *Poetry Toronto Newsletter*, *Rauque*, *Ébauches*, *Poésie Windsor Poetry*, *Harbinger*, *Exit* (Montréal), *Folie Culture* (Québec), *Estuaire* et *Steak haché*.
1979	• En septembre, il s'inscrit à l'Université Laurentienne : l'aventure universitaire ne dure qu'un semestre.
1981	• Publication du récit poétique/poème narratif bilingue *L'homme invisible/The Invisible Man*, coédité par

les Éditions Prise de parole et Penumbra Press. • À l'été, il participe à un récital de poésie au festival provincial de Théâtre-Action à Ottawa; le spectacle est filmé et deviendra le documentaire *Les mots dits,* qui porte sur cinq poètes: Patrice Desbiens, Robert Dickson, Sylvie Trudel, Jean Marc Dalpé et Michel Vallières.

1982   • Il assure l'accompagnement musical de *L'opéra du gros cinq cennes*, une production du Théâtre du Nouvel-Ontario de Sudbury.

1983   • Parution de *Sudbury* aux Éditions Prise de parole, recueil qui regroupe des textes qu'il travaille depuis deux ans. • Il figure dans le film documentaire *Appartenance*, tourné au dixième festival provincial de Théâtre-Action, qui a lieu à l'Université Laurentienne. • Au fil des ans, Patrice Desbiens a participé, soit à titre de musicien, soit à titre de poète, à de nombreux festivals. Entre autres événements, mentionnons le festival de Théâtre-Action, le festival Boréal, le festival Manitoulin, le festival Fringe, la Nuit sur l'étang, Voix d'Amériques. Il a également participé à plusieurs reprises au Festival international de la poésie de Trois-Rivières et au Festival international de la littérature de Montréal.

1984   • Le groupe musical CANO produit un dernier album, *Visible*, dont le titre ainsi que la chanson «Invisible» sont tirés de son recueil *L'homme invisible / The Invisible Man*.

1985   • Il réalise et fait paraître l'audiocassette *La cuisine de la poésie*, sur laquelle sa poésie est mise en musique, ainsi que le recueil *Dans l'après-midi cardiaque*, aux Éditions Prise de parole. • *Dans l'après-midi cardiaque* est finaliste au prix du Gouverneur général.

1986-1987   • Patrice est bénévole au Théâtre du Nouvel-Ontario. • Également, pour le Théâtre du Nouvel-Ontario, il est accompagnateur musical de la mise en lecture de *Tourist Room No Vacancy* d'Yves-Gérard Benoît, qui sera présentée à Sudbury et à Hull.

1987   • De janvier à mars, il est employé à titre d'écrivain chez Prise de parole. • En mars, à la Nuit sur l'étang, on lui décerne le prix du Nouvel-Ontario. • Son recueil

Les cascadeurs de l'amour (Prise de parole) est lancé à l'automne à la rencontre internationale Jack-Kérouac à Québec. • Patrice Desbiens et Jean Marc Dalpé collaborent à titre d'auteurs et de comédiens à la création du spectacle *Dalpé-Desbiens* du Théâtre du Nouvel-Ontario, réalisé en collaboration avec La Slague. En octobre, *Dalpé-Desbiens* est présenté en vedette américaine dans le cadre d'un spectacle de Marjo, anciennement du groupe Corbeau.

1988 • Desbiens est président d'honneur du 9e Salon du livre de l'Outaouais en mars. • Son recueil *Poèmes anglais* est publié aux Éditions Prise de parole. • Invité au Salon du livre de Québec, Patrice Desbiens décide de s'y installer, déterminé à ne plus retourner à Sudbury où, dit-il, «ses deux cerveaux étaient en chicane». Il contribue à *Folie culture*, une revue alternative, ainsi qu'à *Estuaire*. • Il est invité au Salon du livre du Mans en octobre et des bienfaiteurs anonymes paient son premier voyage en France. • Reprise du spectacle *Dalpé-Desbiens* à Montréal et à Toronto. • Production, par le Théâtre du Nouvel-Ontario, du spectacle *Cris et blues — live à Coulson*, mettant en vedette Jean Marc Dalpé et Marcel Aymar, spectacle qui reprend plusieurs textes et musiques de Patrice Desbiens. Le spectacle jouera à Sudbury et à Ottawa en octobre.

1989 • *Cris et blues* est produit à Toronto au printemps. • Desbiens fait paraître *Amour ambulance* aux Écrits des Forges.

1990 • Au printemps, *Cris et blues* effectue une tournée ontarienne et se produit à l'automne au festival de Limoges en France. • Desbiens collabore à la trame musicale du film *Le party* de Pierre Falardeau, dont la direction musicale est assurée par Richard Desjardins: il écrit la chanson «Pourrir sans mourir».

1991 • Il donne un récital de poésie en septembre à l'Université Laurentienne. • Il est l'une des douze personnes à faire l'objet d'un court métrage dans la série *À la recherche de l'homme invisible* de l'ONF: le réalisateur Valmont Jobin a choisi Patrice Desbiens pour son court métrage intitulé *Mon pays...*, un film mi-fiction,

mi-documentaire de trente minutes. • Avec René
Lussier, il présente pour la première fois le spectacle
Grosse guitare rouge.

1991-1993 • Patrice Desbiens laisse tout, ou presque, derrière lui
et déménage à Montréal, emportant seulement une
valise et ses manuscrits. • Il se produit aux côtés du
musicien René Lussier et effectue avec lui une tournée
en Belgique, en France et à Montréal. • Le film *Mon
pays...*, de la série *À la recherche de l'homme invisible*,
remporte le prix du «meilleur témoignage» au dixième
Festival international du film sur l'art. En décernant ce
prix, le jury du Festival rendait également hommage à
Patrice Desbiens, à qui ce film donne la parole.

1992 • Desbiens écrit la chanson «Epic Aire» pour l'album
Soul Stalking de Daisy DeBolt.

1993 • Les 6 et 7 août, le spectacle *Cris et blues — live à
Coulson*, est enregistré en direct de l'hôtel Coulson lors
du festival Fringe à Sudbury.

1995 • *Un pépin de pomme sur un poêle à bois* paraît chez
Prise de parole. Le recueil regroupe le triptyque *Le pays
de personne*, *Grosse guitare rouge* et *Un pépin de pomme
sur un poêle à bois*, qu'il a écrit entre 1988 et 1994.
• Parution chez Prise de parole (en collaboration avec
Musique AU) de la bande sonore de *Cris et blues —
live à Coulson* sur laquelle on retrouve ses compositions
«Phrase par phrase», «Invisible», «Sainte colère» et
«Tous les chemins». • Au Gala de la Nuit sur l'étang, à
Sudbury, il donne un spectacle inspiré de *Grosse guitare
rouge* en compagnie des frères Lamoureux du groupe
Brasse-Camarade : le spectacle sera repris à Montréal
à l'automne, et le batteur Richard de Grandmont se
joindra au groupe.

1995-1997 • Il écrit, écrit, écrit... et fait des lectures publiques et
des performances à Cornwall, Ottawa, Hull, Montréal,
Toronto, Québec, Hearst, Timmins, Sudbury, Moncton,
Baie Sainte-Marie (N.-É.), North Bay, etc.

1996 • Il reçoit le prix Champlain du Conseil de la vie
française en Amérique pour *Un pépin de pomme sur un
poêle à bois*. • Il joue dans le film *Le dernier des Franco-
Ontariens*, réalisé par Jean Marc Larivière.

1997	• Parution, chez Prise de parole, du recueil de poésie *La fissure de la fiction* et d'une nouvelle édition qui regroupe deux recueils antérieurs: *L'homme invisible/The Invisible Man* suivi des *Cascadeurs de l'amour*. • Publication d'une plaquette intitulée *L'effet de la pluie poussée par le vent sur les bâtiments*, chez Docteur Sax (Québec). • Une étude de ses œuvres paraît dans la revue *Tangence* de l'Université du Québec à Rimouski, n° 56, décembre 1997.
1998	• En mars, à l'occasion du 50ᵉ anniversaire de Patrice Desbiens, le musicien-compositeur René Lussier et quelques amis musiciens (Jean Derome, Guillaume Dostaler, Pierre Tanguay) lui offrent un cadeau exceptionnel: du temps en studio pour enregistrer ses poèmes préférés dans une ambiance de club de jazz. Le résultat, un disque compact produit par René Lussier et intitulé *Patrice Desbiens et les Moyens du bord*, paraît en 1999. • Toujours en musique, Desbiens compose la chanson «La caissière populaire», qui paraît sur l'album *Boom Boom* de Richard Desjardins. • Desbiens est mis en nomination pour le prix Félix-Antoine-Savard.
1999	• À sa sortie, à l'automne, le disque compact *Patrice Desbiens et les Moyens du bord*, sur Ambiances Magnétiques, est acclamé par la critique. • Patrice Desbiens publie deux recueils de poésie: une nouvelle édition, augmentée, de *L'effet de la pluie poussée par le vent sur les bâtiments* chez Lanctôt Éditeur en mars, et *Rouleaux de printemps*, aux Éditions Prise de parole à l'automne. • Il reçoit le prix de poésie des Terrasses Saint-Sulpice pour *La fissure de la fiction*.
2000	• *La quinzaine Desbiens*, un événement consacré à Patrice Desbiens, est organisée par le Théâtre du Nouvel-Ontario en janvier. La quinzaine comprend: une production théâtrale, *Quand les mots viennent du Nord* (qui plus tard est rebaptisée *Du pépin à la fissure)*, qui présente des extraits des deux récits que sont *Un pépin de pomme sur un poêle à bois* et de *La fissure de la fiction*, une production du Théâtre du Nouvel-Ontario en collaboration avec le théâtre l'Escaouette, de Moncton; une exposition à la Galerie du Nouvel-Ontario de bannières d'art créées par l'artiste et poète Herménégilde Chiasson

à partir des textes de Patrice Desbiens; et une adaptation théâtrale des *Cascadeurs de l'amour*, production du Théâtre la Tangente de Toronto. • *Les cascadeurs de l'amour* sera présentée dans plusieurs villes du Canada ainsi qu'au festival des Météores à Douai, en France, en mars. La pièce est également diffusée en direct à la radio de Radio-Canada. Elle remporte le Masque de la meilleure production franco-canadienne. • Patrice Desbiens et René Lussier présentent *Patrice Desbiens et les Moyens du bord*, en tournée, dans diverses maisons de la culture de Montréal à l'hiver et au printemps 2000. • Parution de *Sudbury (poèmes 1979-1985)*, qui comprend une nouvelle édition des recueils *L'espace qui reste* (1979), *Sudbury* (1983) et *Dans l'après-midi cardiaque* (1985) aux Éditions Prise de parole. • Le Théâtre du Nouvel-Ontario produit la pièce *Du pépin à la fissure*, qui met en scène l'intégrale des recueils *Un pépin de pomme sur un poêle à bois* et *La fissure de la fiction*.

2001 • Parution du recueil *Bleu comme un feu* aux Éditions Prise de parole. • La production *Du pépin à la fissure* remporte le Masque de la meilleure production franco-canadienne.

2002 • Parution, aux Éditions Prise de parole, du recueil *Hennissements*, qui regroupe des poèmes inédits ainsi que le recueil *Les conséquences de la vie*, publié en 1977. • Desbiens signe les paroles de «Simple souffle souple», «Les coups donnés», «Brûlots», «Comme dans un film» et «Le grand besoin», sur l'album *Je marche à toi* de Chloé Sainte-Marie.

2003 • En février, Patrice Desbiens est l'invité d'honneur lors de la 2e édition du festival Voix d'Amériques. Pendant le festival, poètes et musiciens se donnent rendez-vous sur scène à Montréal lors d'un spectacle à guichet fermé organisé pour rendre hommage à Desbiens. • Parolier, Desbiens continue à signer des chansons, dont «Danse d'enfer», «Debout à la barre» et «Douceronne», sur l'album *18 roues* de Serge Monette.

2004 • Lors du gala de l'ADISQ, il est récipiendaire, avec Richard Desjardins, du Félix pour scripteur de spectacle de l'année, pour les textes d'enchaînement du spectacle

Kanasuta de Richard Desjardins. • En octobre, Desbiens lance le livre-cd *Grosse guitare rouge* au Cheval Blanc à Montréal, lancement suivi d'une prestation avec René Lussier sur la même scène où ils avaient présenté *Grosse guitare rouge* pour la première fois.

2005 • Parution du recueil de poésie *Désâmé* aux Éditions Prise de parole. • Desbiens collabore de nouveau avec Chloé Sainte-Marie, signant les textes «La Haine» et «Hurlesang» sur l'album *Parle-moi*. • En mars, le Théâtre de la Vieille 17 produit le spectacle *L'homme invisible/The Invisible Man,* d'après le recueil de Patrice Desbiens. Le texte est interprété et mis en scène par Robert Marinier et Roch Castonguay. • Dans le cadre de la 11e édition du Festival international de la littérature qui a lieu en septembre à Montréal, Desbiens participe à la présentation du spectacle *Sudbury blues* au Lion d'Or, un spectacle qui met à l'honneur des artistes et créateurs sudburois. Il s'y retrouve aux côtés d'anciens amis et complices, dont Jean Marc Dalpé et Robert Dickson.

2006 • Dans le cadre du Salon du livre du Grand Sudbury, des extraits de *L'homme invisible/The Invisible Man, Sudbury* et *Poèmes anglais* sont présentés lors du spectacle *Parcours littéraire*. • Reprise par le Théâtre de la Vieille 17 de la tournée de *L'homme invisible/The Invisible Man*. • Publication à compte d'auteur des recueils *Leçon de noyade, Déchu de rien* et *Inédits de vidé*. • Dans le cadre du Festival international de la littérature à Montréal, un extrait de *Désâmé* est lu sur scène lors du spectacle *Les midis littéraires*.

2007 • Parution chez L'Oie de Cravan (Montréal), du recueil de poésie *En temps et lieux*, qui regroupe les textes des trois plaquettes publiées en 2006. • Reprise du spectacle *Parcours littéraire* dans lequel des extraits de *L'homme invisible/ The Invisible Man, Sudbury, Bleu comme un feu* et *Poèmes anglais* sont présentés, une production du Salon du livre du Grand Sudbury. • Des extraits du recueil *Sudbury* sont lus lors du spectacle *Poésie, sandwichs et autres soirs qui penchent,* une production de «Attitude Locomotive», présentée d'abord dans le cadre de l'événement Théâtre d'ailleurs puis au Festival international de littérature en septembre à Montréal. • Dans le cadre du même festival, Desbiens participe à la soirée *Salut Robert*, qui rend hommage à son ami et poète, le regretté Robert Dickson ; il s'y produit aux côtés de plusieurs artistes, dont Jean Marc Dalpé et Brigitte Haentjens. • Reprise par le Théâtre de la Vieille 17 de la tournée de *L'homme invisible/The Invisible Man*.

2008   • Poursuite par le Théâtre de la Vieille 17 de la tournée de *L'homme invisible/The Invisible Man*. • Desbiens remporte le premier prix du Salon du livre du Grand Sudbury, décerné à un auteur chevronné originaire de l'Ontario français ou associé à l'Ontario français, dont la production bien établie a maintenu un haut niveau de qualité et a gagné l'appréciation vive de ses lecteurs. • Le spectacle *Satori à Québec : hommage à Patrice Desbiens* est présenté au Largo resto-club à Québec en juin et de nouveau à la demande générale en septembre, au café-spectacle du Palais Montcalm dans le cadre du Festival de jazz de Québec. • Des extraits du recueil *Sudbury* sont lus lors du spectacle *Poésie, sandwichs et autres soirs qui penchent*, une production de «Attitude Locomotive» présentée d'abord dans le cadre du Festival TransAmérique à Montréal, puis au Festival international de littérature en septembre. • Dans le cadre du même festival, Desbiens participe au spectacle *D'un pays qui pousse dans le Nord* présenté au Lion d'Or, un spectacle qui met à l'honneur des artistes et créateurs de l'Abitibi et du Nord de l'Ontario. • Parution, en octobre, du recueil de poésie *Décalage* aux Éditions Prise de parole. • Nouvelle édition de *L'homme invisible/The Invisible Man*, suivi des *Cascadeurs de l'amour*, dans la Bibliothèque canadienne-française, aux Éditions Prise de parole. • Parution chez L'Oie de Cravan (Montréal), du recueil de poésie *En temps et lieux 2*.

2009   • Parution chez L'Oie de Cravan (Montréal), du recueil de poésie *En temps et lieux 3*. • Des textes tirés du recueil *Sudbury* sont présentés dans le cadre d'un exercice public à l'Université du Québec à Montréal. • Le spectacle *Satori à Montréal* est présenté au Lion d'Or dans le cadre du OFF festival jazz de Montréal. Le poète prend lui-même la scène aux côtés de quatre musiciens et de deux diseurs qui interprètent et accompagnent ses écrits.

2010   • Le récit poétique *L'homme invisible/The Invisible Man* est défendu par le chansonnier Thomas Hellman dans le cadre du concours radiophonique «Le combat des livres», à l'émission Christiane Charrette, Radio-Canada. • Reprise des spectacles *Satori à Québec: les mots de Patrice Desbiens* au Théâtre du Petit Champlain; et *Satori à Montréal*, au Lion d'or, dans le cadre du Marché de la poésie.

2011   • Parution chez L'Oie de Cravan (Montréal), du recueil de poésie *Pour de vrai*. • *L'homme invisible/The Invisible Man* est mis en scène par le People's Theatre Kingston, à Kingston, et est présenté du 9 au 25 février. • Des textes de Patrice Desbiens sont lus dans le spectacle *Défenestre-toi*, de la compagnie Mille Chevaux-Vapeur, présenté au Festival Fringe à Montréal. • Des textes de Desbiens sont intégrés au spectacle *Poésie, sandwichs et autres soirs qui penchent*, une production de «Attitude Locomotive» présentée dans le cadre du Festival international de littérature de Montréal. • La compagnie de théâtre Il va sans dire, de Montréal, utilise une quarantaine de textes et d'extraits de textes de Desbiens dans le spectacle *Tout ça m'assassine*, une « courte-pointe sociale » présentée à la Cinquième salle de la Place des arts en octobre. • Réédition, à Prise de parole, du récit *Un pépin de pomme sur un poêle à bois*.

2012   • Reprise en mars au Théâtre Outrement, puis en octobre à la Cinquième salle de la Place des Arts, du spectacle *Tout ça m'assassine*, du Théâtre Il va sans dire. • Le récit poétique *L'homme invisible/The Invisible Man* est mis en scène par le Théâtre du futur, à Montréal, et présenté en mars au Monument-National. • Des textes de Desbiens sont intégrés au spectacle *Poésie, sandwichs et autres soirs qui penchent*, une production de «Attitude Locomotive» présentée dans le cadre du

Festival international de littérature de Montréal puis au Centre national des Arts à Ottawa.

2013 • Parution chez L'Oie de Cravan (Montréal), du recueil de poésie *Les abats du jour*. • Publication, à l'automne, de *Tout ça m'assassine*, comprenant de nombreux textes de Desbiens, aux éditions Somme toute.

2015 • Parution chez L'Oie de Cravan (Montréal), du recueil de poésie *Vallée des cicatrices*. • Parution aux Éditions Prise de parole d'une nouvelle édition, revue par l'auteur, de *Rouleaux de printemps*.

2016 • Parution du recueil de poésie *Le quotidien du poète* aux Éditions Prise de parole. • Patrice Desbiens est invité d'honneur au Salon du livre du Grand Sudbury. • *La fête à Patrice Desbiens* a lieu le 26 septembre au Lion d'Or à Montréal dans le cadre du Festival international de la littérature.

TABLE DES MATIÈRES

Achevé d'imprimer
en mars 2019 sur les presses
de l'Imprimerie Gauvin, à Gatineau (Québec).